Kurt Bartsch
Die Hölderlinie
Rotbuch 277

Kurt Bartsch
Die Hölderlinie

deutschdeutsche Parodien

Rotbuch Verlag
Berlin

Für Irene zum 3. 6.
sowie für Stephan Hermlin

1.-6. Tausend

Umschlagbild von Günter Richter:
»Das vergessene Medaillon eines Utopisten«
alle Autorenfotos © Isolde Ohlbaum
Satz und Druck Poeschel & Schulz-Schomburgk, Eschwege
Printed in Germany.
ISBN 3 88022 277 0

Inhalt

Mauer im Kopf

Oberammergauer Endspiel

Herr Kules

Alle Vögel, alle

Bestsellerie

Kaspar Nova

Warte nur, balde

Mauer im Kopf

Deutsche Klage

Nach Friedrich Hölderlin

Ich bin unter die Deutschen geraten.
Wer da nicht verkauft ist, der ist verraten.
Schmeißfliege wird er und Ratte genannt.
O Muttersprache! O Vaterland!

Eine notwendige Korrektur

Nach Hermann Kant

Ich bin unter die Deutschen geraten. Etwas stimmt nicht an diesem Satz, obwohl er von keinem Geringen erdacht und, wie es in unserem Beruf üblich, der Nachwelt bewahrt wurde. Aber etwas stimmt nicht an ihm. Es sei, und diese Einschränkung würde ich gelten lassen, ich habe Dich, lieber Genosse Honecker, mißverstanden. Das soll, wie man weiß und inzwischen auch zugeben darf, sogar unter Kommunisten vorkommen. Dein Lächeln zeigt mir: Ich habe nicht.
Etwas, ich sage es nochmal und auf die Gefahr hin, als Butzemann dazustehen, etwas ist faul an dem Satz. Womit nicht gesagt sein soll, es sei schlechtes, gar unrichtiges Deutsch, das aufhorchen ließe, zweifeln ließe, Widerspruch laut werden ließe. Mich stört etwas anderes,

etwas Grundsätzliches an dem Satz, obwohl er unbestritten, da nachzulesen, von Friedrich Hölderlin stammt. Ich sage: obwohl; ich meine natürlich: weil. Weil dieser Satz *Ich bin unter die Deutschen geraten* von Hölderlin stammt, trifft er nicht auf uns zu, das heißt: er trifft uns nicht, weil vor zweihundert Jahren weder auf uns gezielt noch geschossen wurde. Das Leseland Deutsche Demokratische Republik lag damals noch nicht einmal in den Windeln; inzwischen liegt es schon nicht mehr darin. Es hat sich gerappelt, das Kind DDR. Es hat lesen gelernt, schreiben gelernt. Es hat nicht, noch nicht, gelernt, Geschriebenes sogleich und ohne weiteres auch zu drucken. Es ging mitunter fast kafkaesk zu, bis Kafka bei uns erscheinen konnte. Jetzt ist er da, ist – um Hölderlin und die Kurve wieder zu kriegen – unter die Deutschen diesseits der Staatsgrenze geraten. Womit wir am Punkt, am wunden Punkt angelangt wären.

Es gehört, wie Ihr wißt, zu den leidigen Pflichten eines Präsidenten des Verbandes der Schriftsteller der DDR, diese Grenze, die eine sehr handfeste, löblich gefügte ist, hin und wieder zu überschreiten; ungern zu überschreiten. Sobald ich das Schwarzrotgold mit den Werkzeugen im Rücken und das Schwarzrotgold mit dem Greifvogel vor Augen habe, fangen die Bauchschmerzen an. (Seelenschmerzen wäre richtiger; geht aber nicht unter Marxisten.) Sobald der letzte Wachturm, von dem herab unsere Grenzorgane, die Jungs mit den Eisenhüten, mir bedauernde Blicke zukommen lassen – sobald der also passiert ist, gerate ich wahrlich unter diejenigen Deutschen, die Hölderlin, da er etwas gemeint hat mit seinem Satz, gemeint haben muß. Daraus wiederum ist zu schließen, daß, lebte besagter Johann Christian Friedrich Hölderlin heute, er diesseits der Staats-

grenze lebte, in dieses deutschdeutschen Landes besseren Hälfte gewissermaßen, und jener von ihm stammende, von mir beanstandete Satz lautete, in Sozialistendeutsch übersetzt: Ich bin unter die guten, die besseren Deutschen geraten.
Dein Beifall, lieber Genosse Honecker, läßt hoffen, daß ich mich nicht allzu weit, nicht allzu halsbrecherisch von unserer kulturpolitischen Linie entfernt haben kann. Ich danke Dir, dem ehemaligen Dachdecker, der auch jetzt noch in einiger Höhe arbeitet, für Dein offenes Ohr, in dem mein, eines ehemaligen Elektrikers, offenes Wort sich schon wie zu Hause fühlt.

Zettels Zeddel

Nach Arno Schmidt

Grenzübergang Prinzenstraße: die Nacht pecht schwarz; Scheinwerfer lichtbündeln Eisweißes; Schneelicht; Sternlicht; im Stacheldraht haucht es hawaien. Ein Volk, ein Raum, ein Raumteiler; kein Führror (gottlob!, wenn man von FJS, dem krachledernen Stammtischpolitiker ausm Gau Oberammer mal absieht). Die Mauer also: (»Horch was kommt von draußen rein?«) (Iche). Nach zwanzich Meter tastend-testenden Schritts bildet sich mir etwas Uniformes: Heinzelmännchens Wachparade (Krachparade: von wegen!); ein pickliges Jüngelchen, obeinig obendrein, nimmt mützegrüßend von mir Gewahr.

»Ihr Reisedoggument und Führerschein . . .« (!): (Also doch?!) Der mich soeben Angesprochenhabende kriegt sächsisch Verlangtes von mir gereicht. (Promptest!) Üb immer Treu und Rötlichkeit. (Potsdam, der olle Fritz). (C'est la guerre!) Von Potsdam nach Crimmitshow: Café-Saxe: würden die Wiener (Schlawiener) sagen. (Überhaupt: Österreich! Die halten sich nu fürn kulturellen Feldherrnhügel. Die Haiden!) (Schlamm drüber). Ich stehe wie bestellt und freue mich: daß ich nicht abgeholt werde. Verhör: man kennt das ja: Bajonett rein, Fuß ran, raus. Oda midm Kardoffelscheela. (Bayernkurier). (Stimmts, Herr Neandertaler?)

Sachsenscheiße grüßt Preußenpisse: »Se gönn gähn.« Brüderlich-schwesterlich wohlgönnend: er. Ich: volksam. (Wir wollen sein ein eineiig Volk undsoweiter).

Die Mauer steilt; Mondtotenlicht; zerblitztes Museum: deutschteutsch: Mauer reimt sich auf Adenauer. Obwohl ich von Lürick ansonstemang Pickel kriege. (»Das Klima in Lima ist prima«: lasse ich gelten). Eventuellchen. Und ab: zur Zollbaracke. Die Fahne schwarz-rot-mostrich stottert am Mast-Darm.

»Ham Se Waffen? Druggschriften? Munition?«: (man beachte die Reihenfolge!) Während mein indessener Kopf verneinend geschüttelt wird, zeigt uniformierter Zollstock (Höhe: einsneunundachtzich) auf mein interneres Mantelgetäsch: »Was isn das forn Zeddel?« Ich, harmlos: »Notizen. Ich bin . . .«: beinahe hätte ich Schriftsteller gesagt. (Wallhall: die Gipsköppe lassen grüßen!) »Deutschlehrer«, sagt er, »säh ich mid eenem Bligg.« (Blitz! fährt es durch mein Gedenk). (Deutschlehrer!!) Der Zöllibutler, während er seinen pencil durchlädt: »S'nächste Mal lassen Se de ungorrigierdn Schuluffsätze gefälligst daheem.« (Wörtlich!) Ich bin in Sibirien hierorts. Wolfsgeheul, näherkommend. BILD war dabei. (»Se gönn gähn.«) (Gähnen wir also).

Mauer im Kopf

Nach Peter Schneider

Sein Glied stand groß und lästig unter der Bettdecke. Er begann es zu streicheln, ließ aber davon ab, als er merkte, daß seine Gedanken unaufhörlich um die Studentenbewegung kreisten.
Vergessene Geschichten fielen ihm ein, Geschichten seines langen Weges durch die Institutionen. Er hatte vier Tage in einer Fabrik gearbeitet, um die Lage der Arbeiterklasse kennenzulernen. Er mußte an Lena, die junge Arbeiterin denken, die sich ihm auf dem Betriebsklo verweigert hatte. Sie saß auf der Plastikbrille, den rosa Schlüpfer über die weißen Knie gerollt und lachte: Du leidest an einer ungeheuren Überschätzung des Schwanzes! Wie alle Männer!
Er kam sich schulbubenhaft vor, aber nun war der Zwang zur Erlösung in seinem Glied, das sie mit roten, klobigen Fingern zu reiben begann.
Schneller! sagte er. Die privaten Beziehungen müssen mit den politischen Schritt halten!
Sie stieß ihn weg.
Es wurde ihm entsetzlich einsam, als er allein auf dem Klo stand, die Stirn gegen die graue Betonwand gelehnt. Als er spürte, daß er den Klogeruch nicht aushalten würde, ohne dem Kapitalismus dafür die Schuld zu geben, verließ er die Damentoilette und fuhr nach Italien.

Ständig hin- und hergerissen zwischen den Neurotikern und den Theoretikern, bei den einen die Leidenschaften,

bei den anderen die Rettung suchend, konnte er nach einiger Zeit weder Marx richtig zitieren, noch den italienischen Schönen, die ihm unentwegt an der Hose nestelten, ein Ambiente der Lust verschaffen.
Warum bilde ich mir ein, dachte er, auf meiner Reise etwas erlebt oder erfahren zu haben, das der Mitteilung wert wäre? Aber da war der Band mit den Kurzgeschichten schon auf dem Markt und die Antwort erübrigte sich.
Jetzt hieß es durchhalten, weitermachen!
Ein Gespenst geht um in Deutschland, schrieb er und mußte wieder an Lena denken. Ihr rosa Flanellschlüpfer, ihre slawischen Backenknochen ließen ihn plötzlich ahnen, daß sie aus einer anderen, einer kalten und fremden Welt stammen mußte. Ostberlin, fuhr es ihm durch den Kopf. Er hatte Mühe, nicht mit den Zähnen zu klappern.

Von seinen ersten Besuchen in der halben Stadt hinter dem Todesstreifen war ihm kaum mehr als ein Geruch im Gedächtnis, den er später, wenn er bei Ostwind auf einem westberliner Balkon stand, sofort wiedererkannte: diesen Geruch aus Benzingemisch, Desinfektionsmittel, Fußlappen und heißen Eisenbahnschienen. Er hielt sich die Nase zu und verstand nicht, wie Robert, der ein berühmter Dichter und deshalb sein Freund war, es drüben aushalten konnte. Dies war die Schattenstadt, die Nachgeburt, die Notausgabe von Westberlin.
Die Mauer, schrieb er an R., trennt nicht nur zwei Städte und zwei Gesellschaftssysteme; die Mauer trennt Leder von Lederol, Levis von nachgemachten Jeans, Natur von Kunststoff, grell von grau und die Rolling Stones vom Blasorchester des Ministeriums für Staatssicherheit.

Als Robert sich endlich entschloß, nach Westberlin überzusiedeln, empfing Lenz ihn am S-Bahnhof Zoologischer Garten. Er küßte ihn, eine russische Sitte nachahmend, links und rechts auf die Wangen. Dann zeigte er auf die Stadt: Das Westberlin! Berlin: Kapitalist, Marlboro, Coca-Cola, Mercedes – verstehen?

Als Robert ihm mit der Faust ins Gesicht schlug, kam Lenz zu sich.

Du hast die Mauer im Kopf, sagte Robert.

Lenz wischte sich lächelnd das Blut ab und nickte.

Als sie zwei Stunden später einen Rolls Roys kaufen gingen, den Robert im Osten so lange entbehren mußte, waren sie wieder die alten Freunde.

Die wunderbaren würstchen

Nach Reiner Kunze

Mein vater, ein
rentner von drüben
hat sie mit weinenden augen gesehn:

Würstchen, gereicht
auf goldenem teller.
Die welt wird bestehn.

Wenn nicht, wird sie in meinen
schlichten gedichten
euch wunderbar auferstehn.

Würstchen, gereicht
auf goldenem teller.
Der westen ist schön.

Lyrikwettbewerb

Nach der UZ
Organ der Deutschen Kommunistischen Partei

UZ/31. Dezember 1982. Die Zeitung der Deutschen Kommunistischen Partei UNSERE ZEIT ruft alle fortschrittlichen Dichter, Schriftsteller und schreibenden Arbeiter Westdeutschlands und der Deutschen Demokratischen Republik zu einem Lyrikwettbewerb unter dem Motto »Friedenskampf ist Klassenkampf« auf. 1. Preis: ein Halbjahresabonnement der UZ, 2. Preis: ein Einjahresabonnement der UZ. Im Interesse der Wettbewerbsteilnehmer, die sich bei einer Wettbewerbsteilnahme der Gefahr des Berufsverbots aussetzen, bitten wir, die Gedichte ohne Namensangabe an uns zu schicken. Einsendeschluß ist der 15. Januar 1983. Die Jury setzt sich aus Peter Schütt (DKP) zusammen.

UZ/20. Januar 1983. Aus den über 23 Einsendungen, die uns im Lyrikwettbewerb »Friedenskampf ist Klassenkampf« erreicht haben, konnten, wie vorgesehen, zwei Einsendungen einen 1. und 2. Preis erringen. Den Poststempeln zufolge stammen beide Einsendungen aus der DDR, die sich damit erneut als Hüterin und Bewahrerin fortschrittlicher Traditionen, die aus dem Klassenkampf des vorigen Jahrhunderts stammen, erwiesen hat. Der 1. Preis wurde einem Gedicht zugesprochen, das in liedhafter Form den täglichen, aufopferungsvollen Friedenskampf in der Deutschen Demokratischen Republik beinhaltet. Seiner schlichten Schönheit wegen drucken wir dieses Gedicht vollständig ab:

Der Soldat braucht einen Helm.
Wozu braucht ihn der Soldat?
Der Helm schützt seinen Kopf,
und der Kopf ersinnt die Tat,
die den Kindern der Welt
alle Blumen erhält
und das Glück, und das Glück
unserer Republik.

Der Soldat ist unser Freund.
Warum ist es der Soldat?
Weil er klug und tapfer kämpft
und mit Mut vollbringt die Tat,
die den Kindern der Welt
alle Blumen erhält
und das Glück, und das Glück
unsrer Republik

Den 2. Preis errang ein Gedicht, welches der Autor »unserem Parteitag« (gemeint ist ein Parteitag der SED) gewidmet hat. Seiner Länge wegen geben wir dieses Gedicht gekürzt wieder:

(...)
Die stetige Glut wird zur Feuerfontäne,
wenn die Partei der Kommunisten
ihre gestählten Töchter und Söhne
zusammenruft, um Parteitag zu halten!
Und jenseits unserer Barrikaden
verlieren die falschen Propheten des Alten
öfter als sonst ihren Giftschleimfaden.
Der Feind hat, das Steuer herumzureißen,
nicht Schaum vor dem Mund noch Dollar gescheut –
bankrott der Versuch, uns aufzuweichen!

Partei greift dem Rad der Zeit in die Speichen
und aus Einst wird – schon morgen!
Aus morgen – heute noch!
Wenn ihr nicht zu ängstlich die Augen schont,
wird überm Parteitagshorizont,
Kontur schon, das Land Kommunismus sichtbar –
Ein Blick auf den Weg noch, der hinter uns liegt,
um nicht zu vergessen, warum die Gesichter
der Alten so runzelig sind, so zerpflügt –
dann: nur noch Zukunft vor uns! Wir erfüllen,
was Marx entwarf. Wir schmieden unsern Willen
zur Wirklichkeit: der Sozialismus siegt!

Bis auf die beiden ausgezeichneten Dichter der Deutschen Demokratischen Republik, des ersten Arbeiter- und Bauernstaates auf deutschem Boden, denen inhaltlich und formal nachzueifern uns als Verpflichtung auferlegt ist, werden alle anderen Teilnehmer unseres Lyrikwettbewerbs mit einer Anerkennung im Kollektiv ausgezeichnet.

UZ/23. Februar 1983. Der Klassenfeind schläft nicht. Er nutzt schamlos jede Gelegenheit, sich in unsere Angelegenheiten (die im besten Sinne auch Angelegenheiten der Deutschen Demokratischen Republik sind) einzumischen. Wir aber, das sei jenen Herren gesagt, schlafen auch nicht. Wir sind nicht nur wach, wir sind wachsam! Nur unserer Wachsamkeit ist es zu danken, daß wir die beiden lyrischen Kuckuckseier, die uns in provokatorischer Absicht ins Nest gelegt wurden, entlarven und unschädlich machen konnten. Den beiden »Preisträgern« unseres Lyrikwettbewerbs »Friedenskampf ist Klassenkampf« sind die Preise inzwischen

1935 geboren.

1952 Kandidat der Partei.

1954 bis 1959 studierte ich in Berlin,

unsere Philosophie.

Jetzt bin ich Dorfzeitungsredakteur

auf einer Oderbruch-MTS.

Und außerdem – jung verheiratet.

aberkannt worden. Diesen konsequenten Schritt, der unseren Klassenstandpunkt gefestigt hat, kann nur ermessen, wer die beiden Dichterlinge (die längst nicht mehr Bürger der DDR sind) kennt. Bei dem ersten »Preisträger« handelt es sich um Reiner Kunze, der schon vor Jahren seines dichterischen Unvermögens wegen aus dem Schriftstellerverband der DDR ausgeschlossen wurde. Der zweite »Preisträger«, ein gewisser Rudolf Bahro, ist wegen krimineller Delikte in der DDR einschlägig vorbestraft. Das NEUE DEUTSCHLAND, Organ des Zentralkomitees der SED, schrieb damals: »Im Prozeß wurde nachgewiesen, daß Bahro sich für seine antisozialistische Tätigkeit von seinen Auftraggebern zur Befriedigung seiner Geldgier mit einem Betrag von 200 000 Mark bezahlen ließ.«
Wie gesagt: Der Klassenfeind schläft nicht. Wenn er sich aber der Hoffnung hingeben sollte, uns faule Eier, Produkte eines unfähigen und eines kriminellen Schmierfinken, ins Nest legen zu können, so ist er, dank unserer revolutionären Wachsamkeit, auf dem Holzweg.

Anmerkung: Das Gedicht von Reiner Kunze stammt aus dessen Gedichtband »Aber die Nachtigall jubelt«, Mitteldeutscher Verlag Halle/Saale 1963.
Das Gedicht von Rudolf Bahro stammt aus dessen Gedichtband »In dieser Richtung«, Verlag Volk und Welt Berlin/DDR 1960. Siehe Faksimile der Rückseite seines Buches auf Seite 23.

Retten was zu retten ist

Nach Günter Grass

Was böse Köche eingerührt
das läßt mein Sohn, der Esau heißt
die Linsen läßt er unberührt.

Ich esse meine Linsen nicht
sagt Esau, der nach mir gerät.
Er denkt dabei an den Verzicht:

Er denkt an Leipziger Allerlei
und singt, bis ihm die Stimme bricht:
Kein schöner Land als diese zwei.

Wenn dann der Ostwind dreimal kräht
geht Esau fort, läßt mich im Stich.
Wohin geht Esau, wenn er geht?

Am Morgen durch den schwarzen Schnee
zu retten, was zu retten ist.
Sohn Esau wählt die ESPEDE.

Noch immer

Nach Bertolt Brecht

Nur durch die Macht kann man zur Macht gelangen
Und zwar durch das bewährte hintre Loch.
Das war einmal, sagst du. Ich seh mit Bangen:
Der Arsch ist fruchtbar noch, in den das kroch.

Oberammergauer Endspiel

Bruch

Nach Hans Magnus Enzensberger

Die Ordnung zerbricht, der Staat;
Rohrbruch; die brechenden Herzen;
das Glück bricht, das Glas, ich bitte
mich jetzt nicht zu unterbrechen;
der Luxus bricht aus, na wenn schon;
zerbrecht euch nicht meinen Kopf;
Bruchlandung; schade, ich breche
in Tränen aus, brechenden Auges;
in Lachen auch, heiser und brüchig;
zu neuen Ufern breche ich auf,
ununterbrochen, bis zum Erbrechen;
brecht ruhig den Stab über mich;
Wortbruch; das Ende bricht an;
der Vers bricht, die Stimme mir auch;
willkommene Unterbrechung;
ich breche ab, breche auf,
ungebrochen; immer der Eure
wünsche ich Hals- und Beinbruch.

felt futsch

Nach Ernst Jandl

fom fleck feg
fald und fiese
feltuntergang
feltuntergang
fen ferd ich
fohl fiedersehn
feltuntergang
feltuntergang
for fier fochen
far feltuntergang
wortsetzung folgt

Letztes-vor-dem-allerletzten-Lied

N a c h P e t e r R ü h m k o r f

Ein letztes Lied, dann hat sichs ausgewichst – –
Die Laken halbmast flaggt! Zeigt her die kecken
Spuren des Monatsbluts, die Spermaflecken!
Die Genitalien werden aus-ge-ixt.

Und blässer werdend, schließlich ganz verblassend:
die Zungenspitze, rot von Agitprop –!–
Die guten Geister, Lyrik einst verfassend,
verschmähen meinen durch-und-Durchschnittskopp.

Hoi barbaroi, jetzt senst er meine Eier
mit seiner Sense weg, der Himmelslude –:
Ein Ei von Rühmkorf, eins von Leslie Meier;
Hamburger Jungs, geborn in Pimmelshude.

Die Reeperbahn! – Die nudeldicken Dirnen,
gefüllt mit Lust und Lues . . . . . Höllenhefe
läßt ihre Titten schwelln zu Abrißbirnen –
Ja, wenn es d a s wär, was den Welt-Ball träfe!

Sanglos und klanglos, trotz der Wortgewölle,
zerplatzt er wie ein Fromms; welch Schlamm, welch
Schleim,
in dem ich sitze und für alle Fälle
mir einen runterhole, einen Reim.

Oberammergauer Endspiel

Nach Franz Xaver Kroetz

RESL Hast was geschriebn, Xaverl.
XAVER Schon öfter.
RESL Ich red ned von deine Possen.
XAVER Weilst nix von verstehst.
RESL Genau.
XAVER Wennst etwas verstehn tätst, könntst bei mir zupackn. Tät eh eine Hilfe brauchn, solang die Schauhäusl noch spieln.
RESL Die spieln eh nimmer lang.
XAVER Schmarrn. Wost weißt, ich schwitz mir jedn Monat ein Stück ausn Rippn.
RESL Fließbandarbeit, das führt zu nix Gutm. Das schlägt auf die Eierstöck. Man kann nachad das Wasser ned haltn, wie du die Tinten ned haltn kannst.
XAVER Fangst wieder an.
RESL Ja.

Pause

XAVER Jetzt tät ich auf ein Abort müssen scheißn.
RESL Zerscht schreibst den Brief, Xaverl, wo mir an liebn Gott schickn wolln.
XAVER Das braucht eine Geduld.
RESL Papier brauchts, nix sonst.
XAVER Und womit wisch ich mich nachad ab?

Er läßt unvermittelt die Hose herunter. Resl wendet sich ab. Xaver scheißt. Pause

RESL Stänkern, das kannst.
XAVER Genau.

Pause

XAVER Beim Scheißen brauchts eine Ruh. Ich kann mich ned konzentriern, wennst immer dazwischenredst. *Er drückt hochroten Kopfes.* Is eh alles wurscht.

RESL Ebn. Nachad, wenns zambrennt sind, die Scheißhäusl und die Schauhäusl, hast nix, wost dich ausdrückn kannst. Weltuntergang, damit is ned zu spaßn.

XAVER Ich spaß ned, ich scheiß.

Er scheißt.

RESL Wennst aber an liebn Gott schreibn tätst, kämst vielleicht über die Rundn am Jüngstn Tag.

XAVER Ich komm eh über die Rundn, obwohl ich rot war bis auf die Knochn.

RESL Jetzt bist bloß noch blaß.

Xaver ist mit dem Scheißen fertig. Er schaut hinter sich

XAVER Des wars. Hast ein Papier?

RESL Zum Abwischn, Xaverl, oder willst wieder ein Stückl schreibn?

XAVER Noch viele.

RESL Dann kriegst kein Papier.

XAVER Leckmimoasch.

RESL Ja, kroetzweis.

Letzte Variation über das alte Thema

Nach Wolf Biermann

Solange ich mein Maul aufreiß
Genossen, ist es gut.
Ich bin der Wolf, Rotkäppchen beiß
Ich bis aufs rote Blut

Und fresse sie mit Haut und Haar.
Sie war mal meine Braut.
Wir sind schon lang geschieden zwar
Doch hab ichs nie verdaut.

Sie liegt mir wie ein Stein im Bauch.
Sie liegt mal kreuz, mal quer.
Sie lacht manchmal und flüstert auch:
»Ich bin die DDR«.

Die DDR, das ist die Welt
Und wenn sie unterginge
So war ich doch ihr größter Held
Weshalb ich lauthals singe:

Solange ich mein Maul aufreiß
Genossen, geht es weiter.
Ich bin der Wolf, Rotkäppchen beiß
Ich bis aufs undsoweiter.

Doppelpunkt

Nach Thomas Brasch

1
Wer anfing wird an sein Ende gelangen
Der Anfang vom Ende hat angefangen

2
Das Ende geht seinem Ende zu
Wer fängt an Ich oder du

3
Er oder wer wird ans Ende gelangen
Wer aufhört hat einmal angefangen

4
Der Anfang vom Ende ist das Ende vom Lied
Das ist es was einem Anfänger blüht:

Halbzeit

Nach Ror Wolf

Das war ein ganz verdammt und zugenähter
Moment für diesen Stern, als nichts verfing
und ihm letztendlich doch die Luft ausging
wie einem Fußball. Aber davon später.

Das Ende: schmachvoll. Und so geht es weiter:
Im Schutt des Stadions grünt ein erster Halm.
Nach all den Qualen und nach all dem Qualm
ein Anblick schön und ausgesprochen heiter.

Sechstausend Jahre müssen jetzt vergehen
bevor der Menschheit, fraglos unverdient
der Rasen wieder und die Hoffnung grünt.
Was dann geschieht? Wer weiß. Wir werden sehen.

An einem Samstag, so ist zu vermuten
um 15 Uhr (die Uhren gehen wieder)
ertönen dann die guten alten Lieder
im Rund des Stadions, dem neuen guten.

In diesem wunderbaren Augenblicke
betritt den Platz ein andrer Rummenigge.

Letztes Sonett Leichenmaterial Schrei aus dem Nichts

Nach Heiner Müller

Wenn sich im letzten Licht die Geier sammeln
Zu ihrer letzten Arbeit, die mein Fleisch
In Kot verwandelt, vorher ist es Aas
In dem, im toten Fleisch, die Würmer wohnen
So daß es lebt über den Tod hinaus
Die Zunge auch, schwarz und verfault, sie lebt
Und spricht es aus, bewegt von ihren Würmern
Bevor die Geier mir die Zunge kürzen
DER TOD DER MÜTTER IST DER TOD DER WELT
DER TOD DER WELT IST MEIN TOD IST DAS SCHWEIGEN
DER SCHAMLIPPEN. Ich in der letzten Spur
Von Loch zu Loch aufs letzte Loch zu lustlos
Nichts sagend, blaß, aus Kot und Blut ein Brei.
Mein letztes Stück fraglos der letzte Schrei.

Das letzte Band

Nach Erich Fried

Alle reden
vom Weltuntergang.
Ich aber schweige.
Aus Schwäche?

Aus Stärke:

Siehe mein Gedicht
»Der Weltuntergang«
Band vierundachtzig
gesammelte Werke.

Endgültig für Marianne

Nach Günter Kunert

1

Wieder und wieder
fangen wir an
aufzuhören
Das hört und hört
nicht auf.

2

Als Engel dann
wachsen uns Flügel
zu keinem als
diesem Zweck:
Federn zu lassen
auch nach dem Tod.

3

An was
soll man noch glauben
wenn nicht an
nichts.

Die Bombenrolle

Nach Rolf Hochhuth

Reagen, der Präsident der USA, steht, als Rumpelstilzchen verkleidet, im deutschen Wald.

REAGEN

Nach Deutschland kam ich mit falschen Papieren,
ausgestellt vom CIA. In meinem Körbchen
trage ich – aber was klappert denn da?
Ist das die Bombe, die im Korb ich trage?
Zur Bombe, administrativ: Still, Bombe!
Was soll der Papst denken? Er hat dich schließlich
gesegnet als er neulich bei uns war
im Weißen Haus, anschließend Pentagon,
wo er mir half, die Zündschnur aufzuwickeln.
Er holt einen Sprengkopf aus der Hose, legt ihn ins Gras. Diabolisch grinsend.
Morgenstunde hat Dynamit im Munde.
Ich höre Schritte ... Hoffentlich kein Russe,
der mir ins blutige Handwerk pfuschen will.
Er setzt sich auf den Sprengkopf und stimmt ein Lied an.
Dich mein stilles Tal, grüß ich tausendmal ...

Der Dichter Hochhuth tritt, als Förster verkleidet, hinter einer deutschen Eiche hervor

HOCHHUTH

Grüß Gott, ich bin der Oberförster,
zuständig für den deutschen Wald, den ich
nach Spuren absuche.

REAGEN *mißtrauisch*
Nach was für Spuren?
HOCHHUTH
Nun, die der saure Regen hinterließ.
REAGEN *schreckensbleich, erhebt sich von seinem Sprengkopf*
Der saure Reagen? Woher weißt du denn,
wer hinter meiner Maske sich verbirgt?
Ich ließ sie immerhin in Hollywood
von jüdischen Emigranten anfertigen.
Als Gegenleistung erhält Israel –
damit es sich im Libanon verteidigen kann,
wie wir in Nicaragua, El Salvador –
erhält es die Neutronenbombe,
obwohl die Maske sich als Schund erwies.
Ein Blick – schon war ich demaskiert.
HOCHHUTH
Nicht an der Maske lag es, Mister President.
REAGEN
Woran denn sonst? Am Klappern, wie?
HOCHHUTH
Auch nicht am Klappern. Dieses nämlich rührte
von meinen Versen ... Ich bin deutscher Dichter.
REAGEN
Das hätte ich mir denken können.
HOCHHUTH
Was?
REAGEN
Daß es im deutschen Wald
von deutschen Dichtern nur so wimmelt.
Ich weiß auch, wer Sie sind.
HOCHHUTH
Nun?

REAGEN
Friedrich Schiller.
HOCHHUTH *in hochgradiger Verlegenheit:*
Nicht ganz. Ich bin sein Stellvertreter,
gewissermaßen . . .
REAGEN *mit der Habgier eines Philatelisten:*
Werden Sie mich auf die Bühne bringen?
Ich war in meinem früheren Leben Schauspieler.
HOCHHUTH
Ich weiß, ich weiß.
Er betrachtet begehrlich den Sprengkopf.
Ich habe alle deutschen Bühnen abgeklappert
mit meinen Versen . . . Das Ergebnis: Null.
Weshalb ich Sie um diesen Sprengkopf bitte.
REAGEN
Sie wollen . . .?
HOCHHUTH
. . . die Theater in die Luft jagen.
REAGEN
Hut hoch vor Hochhuth, kann ich da nur sagen.

Eiserner Vorhang.

Manifest zum hundertsten Todestag

Nach Karl Marx

Die Philosophen haben die Welt
nur verändert,
es kommt aber darauf an
sie zu schonen.

Herr Kules

Aphrodite und der Klempner

Nach Georg Maurer

In meiner Badewanne weißem Marmor
entspringt das Meer. O Griechenland!
Die Quelle tönt, als gurgle Aphrodite
am Rand der Karies, während, ach
der Klempner sich nach Travemünde träumt.

Er liegt auf einem Regenbogen, schwarzrotgold,
bis Aphrodite ihm, die Göttliche,
den Traum beschneidet mit der Kneifzange.
Da stürzt der Klempner, stürzt und löst sich auf
wie Badesalz in der antiken Strömung.

(1971)

Georg Maurer, 1907-1971, Lyriker, Essayist. Als Lehrer/Professor am Institut für Literatur »Johannes R. Becher« in Leipzig (1955-1965) hatte er großen Einfluß auf die Lyrik der DDR. (Mickel, Czechowski, Endler, Sarah Kirsch u. a.)

Herakles 13

Nach Heiner Müller

PROLOG Damen und Herrn. Wir zeigen heute die schlichte
Herz und Verstand rührende Geschichte
Des Kipperfahrers Paul Schmidt. Indes
Wir nennen den Mann einfach Herakles.
Weil gut fährt, wer die Gegenwart meidet
Sind auch die übrigen Mitspieler antik verkleidet.
Auf die Art, das ist äußerst bequem
Sind die Probleme in einem Stück kein Problem.
Und nun, meine Damen, recken Sie bitte den Hals
Und die Herren, selbstredend, ebenfalls.

Musik. Erster und Zweiter halten Ausschau nach Herakles. Sie tragen Clownsmasken.

ERSTER Er kommt.
ZWEITER Ich seh nur eine Wolke.
ERSTER Das
Ist Staub, das ist er. Was ist das?
ZWEITER Ich glaub
Er ist an einen Baum gefahren.
ERSTER Wieder.
ZWEITER Er hinkt.
ERSTER Er blutet.
ZWEITER Er ist blind und taub.
ERSTER So macht der neue Mensch sich aus dem Staub.

Musik. Auftritt Herakles.

ERSTER Das Preislied.
ZWEITER Preislied. Alle Strophen?

ERSTER Ja.
BEIDE Herakles du und Prometheus in einem
Der du den Löwen erbaut
Gemeinsames Kopfschütteln
Der du den Löwen erwürgt
Gemeinsames Kopfnicken
und das Kraftwerk
Erbaut hast, Täter der zwölf großen Taten
Nackt stehen, im Prämienregen, wir vor dir
Schnell:
Der Stall des Augias ist VEB
Die Köpfe der Hydra, die nachwachsenden
Sind aus Papier und heißen Verwaltung.
ZWEITER Hoch Herakles.
ERSTER Er ist ein Mann aus Eisen.
ZWEITER Ein Held der Arbeit, den die Lieder preisen.
ERSTER Er hört nicht zu. Er schläft.
ZWEITER Dann soll er schlafen.
ERSTER Willst du die Arbeit machen?
ZWEITER Du vielleicht?
Gemeinsames Kopfschütteln
ERSTER *brüllt Herakles ins Ohr:*
Du bist ein Gott, Mensch, du brauchst nur zu pfeifen
Und Alt wird Neu und alle Träume reifen.
HERAKLES Genug, Dummköpfe. Ich weiß, ihr lobt mich
Weil Lob das Aug trübt dessen, der gelobt wird
Für eine Arbeit, die kein Lob verdient
Von euch, die nichts tun als das Lob austeilen.
Ihr wärt nicht was ihr seid wenn ich nicht wäre
Der Täter eurer Taten: von euch ungetan.
Euch nährt mein Schweiß, mich euer Speichel: das
Nenne ich auf meine Kosten leben.
Ihr sitzt in meinem Fell, ich bin der Löwe
Der jetzt sein Fell abreißt.

Tut es

Wißt, diese Tat
Ist meine dreizehnte.

ERSTER Was soll das heißen?
Tu deine Pflicht.

HERAKLES Ich werde euch was scheißen.
Zwölf Taten sind genug. Ich mach mich rar.

ZWEITER Er will, daß wir jetzt schwitzen sollen.

HERAKLES Ja.
Mein Schweiß sei nicht mehr Schweiß auf eure Mühle.
Dies Land braucht keinen Helden, sondern viele.

Der frisierte Herakles

Nach Peter Hacks

ERSTER Seht, Herakles. Der Held als Weib verkleidet.
ZWEITER Mich dünkt, nicht nur verkleidet. Seine Sprache
Ist zopfiger als was am Kopf ihm hängt.
ERSTER Auch liebt er alte Möbel.
ZWEITER Was beweist das?
ERSTER Daß seiner Sprache schnörkelreicher Zierat
Nichts als besagter Liebe Abbild ist,
Das, durch das Aug in seinen Kopf gelangend,
Den Kopf durch seinen Mund wieder verläßt.
ZWEITER Und warum wurde er so, wie er ist?
ERSTER Besitz macht ängstlich.
ZWEITER Er muß viel besitzen,
Um soviel Angst zu haben, wie er hat.
ERSTER Dabei war er der Mutigsten einer,
Sein Mundwerk bei den Oberen gefürchtet,
Wie kaum ein andres Mundwerk hierzulande.
ZWEITER Man stopfte es ihm.
ERSTER Mit gebratnen Tauben.
ZWEITER Mit Orden, die ihm, als sie ihm noch nicht
Am Hals hingen, zum Hals heraushingen.
ERSTER Was schreibt er denn jetzt so?
ZWEITER Erlesenes.
HERAKLES Das Schilfrohr, ach, in einer Hirtenflöte
Ist so zuhaus und so geborgen nicht
Wie ich in dieses fahlen Landes Schminktopf.
ZWEITER Was, fahles Land? Er spricht sich Mut an, scheint es.
ERSTER Was brauchts in einer Operette Mut?

ZWEITER Brauchts etwa keinen, wenn man Mängel aufzählt?

ERSTER Nicht, wenn kein Mangel herrscht an tauben Ohren.

ZWEITER Wo herrscht an tauben Ohren denn kein Mangel?

ERSTER Nun, eben in der Operette.

ZWEITER Heißt das,
Er hat den Stall des Augias ausgemistet,
Um darin Operetten aufzuführen?

ERSTER Unleugbar ja. Der Mist kehrt, Stück für Stück,
Durch ihn vergoldet in den Stall zurück.

Das Loch

Nach Max Walter Schulz

Götterdämmerung über dem Schulgarten, in dem Thea wandelt, die phrygische Kybele, Mutter der Erdfruchtbarkeit, in der Gestalt des Genossenschaftsveteranen Friedrich August Lukenbein, der Kartoffeln gegen die Konterrevolution pflanzt. Er steht, in der rechten Hand den »Hyperion«, in der linken die Käsestulle, die Kathlene, seine Tochter, ihm in die Morgenausgabe der »Prawda« gewickelt hat, um ihm das JETZT, die Gegenwart, unter die Nase zu reiben. Aber es klappt nicht, der Käse ist noch nicht durch.

»Natura non facit saltus«, sagte Kathlene, als sie ihm in die Filzstiefel half.

Darüber muß er JETZT lachen. Sie wird, denkt er, eine gute Bäuerin werden. Eine, zu der die Götter aufsehen, wie sie zu ihm, Friedrich August Lukenbein, aufsahen, als er im Herbst die neue Speisekartoffel, Sorte »Sekretär«, auf den Tisch der Genossenschaft stemmte. Sie wog sechseinhalb Pfund und war besonders als Pellkartoffel geeignet. Der Quark, den man dafür benötigt, kam aus der ALTEN WELT, deren Schmierfinken das Hamlet-Zitat »Sein oder Nichtsein« in »Stein oder Nichtstein, das ist hier die Frage« umwandelten und ihn, Lukenbein, mit »Genosse Knolle, Ostzone« auf die Gabel der Unvernunft spießten. Kein Wort darüber, daß er in Bauernversammlungen über die Metrik Hölderlins referiert. Kein Wort über Ogyges, Pindus, Thersander.

Und kein Wort, kein Sterbenswort über den Schulgarten, in dem er senst, dengelt, denkt: Die können mich kreuzweis am Arsch lecken. Die leben im EINST, während wir schon im JETZT leben. Er muß augenblicklich an Ludwig van Beethoven denken und fängt auch schon an, »Freude, schöner Götterfunken« zu singen, räuspert sich aus der denaturierten Stimmlage herauf in den hellen Tenor und stimmt das alte Madrigal an, das der Professor im Dorfsingeklub lehrte, und dann, aus der Zahnlücke heraus, pfeift er die ersten C-Dur-Akkorde der Jupitersinfonie. Und lacht. Und wischt sich den Schweiß von der Stirn, deren hohe Wölbung die Brücke ist zwischen EINST und JETZT.

Im übrigen: es liegt eine Einladung zu einem Symposium in Taschkent vor. Friedrich August Lukenbein, den die Kinder Prometheus nennen, wird, ein Kartoffelfeuer im Herzen, an die Quelle der Revolution fliegen. Er wird Wodka trinken, in Wodka baden und auf der Trompete das Lied blasen von den Partisanen vom Amur. Und hinterher die Tritsch-tratsch-Polka.

Er steht, in der rechten Hand eine Kartoffel, in der linken die »Penthesilea«, und spürt, wie sich zu seinen Füßen ein Loch auftut: DIE GÄHNENDE LANGEWEILE, die er, ein deutscher Gärtner, für die GEDANKENTIEFE eines deutschen Professors hält.

(1973)

Max Walter Schulz, geb. 1921, Schriftsteller, Nationalpreisträger, langjähriger Direktor des Instituts für Literatur »Johannes R. Becher« in Leipzig. Seit Herbst 1983 Chefredakteur von SINN UND FORM, Zeitschrift der Akademie der Künste der DDR.

Alle Vögel, alle

Die Weihnachtsgans

Nach Peter Huchel

1952
Im Ofenloch knackt schon das Scheit,
die Gans macht ihren Bürzel breit,
empfängt den Apfel, Salz, Salbei
und Thymian. Die Uhr schlägt drei.

Die Uhr schlägt vier, der Gänsehals
bäumt sich im Herd, schwitzt Gänseschmalz.
Die Magd hört wie ihr Magen knurrt
und schnallt ihn enger, ihren Gurt.

Dann sitzt sie stumm, und Stoß um Stoß
flickt sie an ihrer Unterhos.
Da sie von kruden Lüsten frei,
denkt sie an Bethlehem dabei.

1972
Erloschen der Herd.
Kein Herz mehr, das fühlt.
Die Magd in der Erd,
die Gans tiefgekühlt.

Thank You For Backobst

Nach Uli Becker

Wenn ich ein Vöglein wär
und auch zwei Flügel hätt,
ich säße womöglich
in einem Vogelkäfig –
No future, komplett!

Jugendstil

Nach Ulla Hahn

Wenn ich schon flügge wär
und einen Vogel hätt
ich bräche Zeile um Zeile
über das Knie
vierzehn sind ein Sonett

luftfreiheit

Nach Peter-Paul Zahl

wenn ich ein flieger wär
und auch ein flugzeug hätt
ich würde mich gar nicht wundern
wenn plötzlich bakunin hinter mir stünde
lachend *ich übernehme den jet*

Piep

N a c h E r w i n S t r i t t m a t t e r

Ein jacher Fallwind, der wie das Seufzen eines Planeten sich anhörte, wehte ein gefiedertes ETWAS auf meinen Schädel, der damals noch KOPF hieß, denn ich war neu in der Welt, und mein Leben trug noch den Silberhauch eines jungen Baumblattes. Das war im zweiten Jahr meines Lebens, und da ich ein Kind war wie andere Kinder, hatte ich OBEN im Kopf keine Augen, und ich konnte lange, lange nicht sagen, WER oder WAS sich in meinem borstigen Flammenhaar einquartiert hatte. Heute, nach fast sechzig Jahren, da ich schon viele dickleibige Bücher über Libellen, Marder, Laubfrösche, Schachtelhalme, Brandgänse, NIESWURZ und andere weltbewegende Dinge geschrieben habe, weiß ich natürlich, daß es die BLAUE NACHTIGALL war, die mich an jenem glockenblumigen Tag konsultierte.

Der Teichschlamm duftete, und die Fliegen summten, die Libellen flirrten, und die Wildenten krächzten, die Spiegelkarpfen planschten, und in den Mutterstuten hüpften die Fohlen, das Gras war grün, und die Sonne schwamm gelb und goldtalerrund über die schäumenden Wiesen.

Vielleicht war es auch nur eine Dohle, deren Gesänge mir wie ein Vorfrühlingsvorschuß in den Ohrmuscheln perlten. Und wenn ich GESÄNGE sage, so meine ich jenes »küv« oder »piep«, nach dessen erstmaligen Ertönen ich bis auf den enzianblauen Teichgrund meiner Kinderseele erschrak. Ich löste mich, zweijährig, aus den Extremitäten meiner damaligen Geliebten, der Strohpuppe OPHELIA, und schrie, als würde ich von der GNÄDIGEN, jener hefeteigdicken, mehlhäutigen Frau meines späteren Lehrherren, über ein flackerndes Herdfeuer gehalten. Nach sechs oder sieben Tagen aber, als der EIERLEGER, dieses singende, klingende Geschöpf aus dem Luftraum, mich wieder verlassen hatte, wußte ich, daß er nicht in die Wipfel der Bäume zurückgekehrt war, sondern in meinem Kopf saß, wo er »küv« oder »piep« machte, in der Sprache der Poesie, die nur der verstehen kann, der die Sprache der Glokkenblumen versteht. Wer aber die Sprache der Glockenblumen verstehen will, muß das Posaunen der Kraniche und das Hupen der Bleßhühner verstehen. Und wer das Hupen der Bleßhühner und das Posaunen der Kraniche verstehen will, muß das »kökökö« der Haubentaucher und das sägende »räb-räb« der Stockentenerpel verstehen, und er muß das Gras wachsen hören, und er muß auch die Dichter verstehen können. Aber da muß er wohl einen Vogel haben.

(1972)

Federlesen

Nach Walter Höllerer

Amsel, Drossel, Papagei,
alle Vögel, alle,
sind in Deutschland vogelfrei,
gehen in die Falle.

Bluten teils im Stacheldraht,
teils in Adlers Kralle.
Spielen ihren letzten Part,
alle Vögel, alle.

Piepen gegen Pershing Two,
speien Gift und Galle.
Kneifen dann das Arschloch zu,
alle Dichter, alle.

Ikterus

Nach Karl Mickel

Das mache ich nicht mit, was einer mitmacht
Der nur den Mond anguckt, nie, was ich mach:
Gedichte (mitm Messer ritz ich die
In Bauzaun) Holz: das hacke ich zu Betten
Und leg mich aufm Bauch lang, nicht zu kurz
Um dich, nicht IHN ansehn zu müssen.
It is not mein Mond, but it is dein Bauch
Drauf will ich 1. mich und 2. ihn vergessen.
Sonst kriege ich bloß Gelbsucht und du auch.

Provokation für einen Struwwelpeter

Nach Volker Braun

1

Mach es wie ich: trink Birkenhaarwasser
Dann wachsen die Haare dir auf den Zähnen!
Beschwör nicht den Bart – beschwör den Kopf des
    Proleten!
Und kämm dich! Vielleicht, es kommt ein Gesicht
    zum Vorschein.

2

Wenn ich dir auf die Finger seh, denk ich beinahe
Du willst dir die Welt untern Nagel reißen – dabei
Juckt dich nicht mal das bißchen Deutschland! Dich
Nenne ich noch: vorläufiges Halbfabrikat.

3

Wär ich Friseur, ich würde nicht anders reden.

4

Hier nicht.

(1971)

Der Daumenlutscher

Nach Bertolt Brecht

DIE MUTTER Mein Sohn und ich, wir sind arme Leute. Die armen Leute, sagt man, leben von der Hand im Mund. Aber das darf man nicht wörtlich nehmen. Bei meinem Sohn ist es der Daumen.

KONRAD Ich glaube, ich werde am Daumen lutschen
Ich glaube, da werde ich satt.
Warum soll der Mensch nicht am Daumen lutschen
Wenn er sonst nichts
Wenn er sonst nichts
Wenn er sonst nichts zu beißen hat?

DIE MUTTER Höre, Konrad. Ich bin deine Mutter. Ich gehe jetzt in die Stadt, wo ich versuchen werde, einen kleinen Fisch aufzutreiben. Bist du mit dem, was ich vorhabe, einverstanden?

KONRAD Ja

ERSTER SPRECHER Sagte der Knabe.

KONRAD Ich bin einverstanden.

ZWEITER SPRECHER Die Mutter aber sagte:

DIE MUTTER Wenn es nicht lange dauert
Bin ich bald zurück.
Wenn es aber lange dauert
Mußt du die Zähne
Zusammenbeißen.

KONRAD Ich werde so tun.

DER CHOR Da hatte die Mutter
Die ärmliche Hütte verlassen
Da war der Knabe
Allein in der ärmlichen Hütte

Da trat der Hunger
Hin vor den Knaben und sagte:
DER HUNGER Ich bin der Hunger.
Ich sehe es ungern
Wenn die armen Leute
Etwas zu essen haben.
Er holt eine Schere hervor und zeigt sie, ein gehässiges Lachen andeutend, den Zuschauern.
DER CHOR Der Hunger hat gut lachen.
Der Hunger hat seinen Schnitt gemacht:
Er schnitt dem Knaben
Die Daumen ab.
Der Knabe konnte nichts machen.
ERSTER SPRECHER Als die Mutter zurückkehrte aus der Stadt
Brachte sie keinen Fisch mit
Aber ein Flugblatt, auf dem stand
Daß man gegen den Hunger
Vorgehen müsse mit eiserner Hand.
ZWEITER SPRECHER Da sagte der Knabe beklommen:
KONRAD Der Hunger ist mir zuvorgekommen.
DER CHOR Und er zeigte die Hände her.
Da hatten die Hände
Keinen Daumen mehr.
ERSTER SPRECHER Die Mutter aber sagte:
DIE MUTTER Das ist keine Schlappe.
Die Daumen waren nicht echt:
Die Daumen waren von Brecht.
Da waren sie also aus Pappe.

Der Daumenlutscher

Nach Thomas Bernhard

MUTTER
Du hast Glück Konrad
daß deine Mutter so gerne plaudert
wie aufgezogen
wie eine Plaudertasche
sagte dein Vater immer
der arme Kerl
Er war dramatischer Schriftsteller
ein großes Talent
Er hatte das Zeug in sich
ein zweiter Shakespeare zu werden
er ist aber nur
mein erster Mann geworden
das war sein Unglück

Ich hätte nicht soviel plaudern sollen
lieber mal Luft holen zwischendurch
dachte ich als es zu spät war für deinen Vater
Sein ganzer Stil war versaut
nach zwei Jahren Ehe
Er schrieb wie ich quatschte
wie aufgezogen
wie eine Quasselstrippe
das färbte natürlich ab
Er schrieb nur noch Monologe
endlose Monologe
was sagst du dazu
Du sollst nicht am Daumen lutschen
Du weißt was passieren kann
wenn man am Daumen lutscht Konrad
Stell dir nur einmal vor
ich würde nicht so gern plaudern
wie aufgezogen
wie eine Plaudertasche
sagte dein Vater immer
Quasselstrippe sagte er nur
wenn er nicht weiterkam
in seiner dramatischen Dichtung
Das war am Anfang
Später schrieb er dann so
wie mir der Schnabel gewachsen war
wie aufgezogen
Das hat auch sein Gutes Konrad
Stell dir vor ich die Mama
ginge fort du bliebest da
und würdest am Daumen lutschen
Was willst du denn mit der Schere Konrad
Laß sofort meine Zunge los
hörst du du sollst sofort meine Zzzzzz

KONRAD

Komisch in meiner Hosentasche
ist sie ganz still Mama
totenstill deine Zunge

Hausgemachtes

Nach Irmtraud Morgner

Als ich dreizehn Jahre alt wurde, bekam ich meinen ersten Hüfthalter geschenkt. Er war blau, weshalb ich ihn Himmel taufte.

»Nun gilt es, einen Astronomen ausfindig zu machen«, sagte ich Heiligabend zu meiner Großmutter, die vor Entsetzen das Glas mit der hausgemachten Leberwurst fallen ließ. Dann fiel auch die Großmutter um, wälzte sich auf den Rücken und schnarchte. Sie war wohl zu alt, über siebzig, und konnte sich unter Fremdwörtern wie Astronom oder dialektischer Materialismus nur etwas Schweinisches vorstellen. Ich auch, ich war wohl zu jung. Ich dachte in erster Linie an Marx, unseren Biologielehrer, von dem bekannt war, daß er sich nebenbei ausgiebig mit Venus und anderen weiblichen Himmelskörpern befaßte. Er hatte schöne blaue Augen mit langen Wimpern drum herum und trug einen Lodenmantel, dem der Geruch von verendeten Hirschen anhaftete. Dazu trug er weite Hosen, die meiner Phantasie den notwendigen Spielraum boten. Ich bewunderte ihn maßlos. Ich zog jedesmal, wenn wir Biologieunterricht hatten, meine Seidenstrümpfe mit Naht an, die oben, wo die Beine dicker werden, mit einem Schieß- oder Einweckgummi befestigt waren. Da der Gummi die Blutzufuhr unterband, bekam ich jedesmal blasse Beine und errötete. Ich werde auch heute noch rot, wenn ich Marx höre.

Meine Großmutter, die sich inzwischen erholt und erhoben hatte, wankte zum Küchenbüfett, in dem sich außer

der Sülze und anderem Hausgemachten auch unsere Bücher, ein Arztlexikon und der Struwwelpeter, befanden. Sie drückte mir letzteren in die Hand und bemerkte, daß dieses Buch meiner kindlichen Seele gemässer wäre als Astronomie, von der man nur Akne – eine Art Mitesser – bekäme. Ich steckte das Buch in den Hüfthalter und ging. Da ich unmöglich lesen kann, ohne Machorka zu rauchen, las und rauchte ich unter der Bettdecke. Dann schlief ich ein und träumte von Marx, der sich an meinem Himmel zu schaffen machte. Er hatte lange Haare und lange Fingernägel, die im Mondschein wie Messer blinkten. Ich stöhnte. Er stöhnte auch und ritzte mir mit dem Nagel des linken Zeigefingers ein Monogramm in die Bauchdecke. Ein großes S übrigens, S wie Sozialismus. Ich fragte mich, was das mit Marx zu tun hätte, aber da stieg er schon in mein Bett und beantwortete alle Fragen, die einem Mädchen meiner Art auf den Lippen brennen.
Als ich am Morgen erwachte, sah ich sogleich unter dem Hüfthalter nach. Große Enttäuschung: mein Bauch war rein, fast unbefleckt, er ließ sich literarisch nicht auswerten.

(1971)

Fragmentarisches Sonett

Nach Johannes R. Becher

Oh, Knabensehnsucht, weißes Unschuldsknie,
Auf dem das Buch lag – welch ein milder Fluch!
Dies Buch, gefüllt mit Bildern: Bilderbuch.
Im Nirgendwo schwang nun ein »Irgendwie«.

Schwang fort und fort, bis an ein »Irgendwo«.
Oh, Alterssehnsucht, weißes Unschuldsland:
Rimbaud und Struwwelpeter Hand in Hand ...
Die Nägel lang, die Nächte: ebenso.

. . . .
. . . .
. . . .

. . . .
. . . .
Und irgendwie war schön dies: »Nirgendwo«.

Bestsellerie

Fading (Schwund)

Nach Botho Strauß

Wenn mich meine Erinnerung, dieses Geschenk der Sublimation, nicht täuscht, so war es im Méditerranée-Club auf Rhodus, wo ich mit H., Tochter eines Physikprofessors, über das Heidegger-Wort, daß nämlich die Frage die Frömmigkeit des Geistes sei, debattierte. Die Frage, von der wir ausgingen, lautete, ob wir die Holothurie (Seegurke) mit oder ohne Sauce dinieren würden. Ich sagte: »Mit Sauce.« So drang (Frömmigkeit hin, Frömmigkeit her) die Antwort maskulin in den Frage-Schoß.

Schon wieder heute. Fülle und Andrang der Stunden versetzten mich in ein Imbroglio tremens (Verwirrtheit, äußerste), die einem Geistesmenschen nicht gut zu Gesicht steht. Das Dämmern, die Imbezillität (der Schwachsinn) hingegen ist für jeden Künstler, den Dichter zumal, ein unentbehrliches Mittel der Wahrnehmung und der Abwehr zugleich gegen das Gesamtheute der Konsumentenkultur. Auch Gänse müssen sich erst in Flugstimmung bringen, bevor sie abheben.

Während ich über das mediale Quidproquo der Retroversion meines Werkes nachsinne, stelle ich fest, daß N., meine Putzfrau, schon seit einigen Tagen nicht mehr erschienen ist. Ich kann eigentlich froh sein, daß ich ihre knallrote Trevirahose und die Schweißflecke unter den Achseln nicht mehr zu sehen brauche. Diese Nässe der Arbeit, die das Gegenteil zur Feuchtigkeit der Lust ist, hat mir seit eh und je ein Gefühl des Ekels bereitet. Wie, vor diesem Anblick, mochte es mir gelingen, meine Intelligenz warmlaufen zu lassen?

Duo f-moll für Klarinette und Klavier, Brahms, sehr spätes Werk, auch für Bratsche notiert.
Das Dissolute, der Wind dieser Musik: klanggleich fast mit dem Rauschen in meinem Kopf, in das hinein der Geist seine Koloraturen singt.
Aus der Küche stinken die Abfälle.

Während Frau N. den Foßboden wischt, loddelt sie vor sich hin, verfällt schließlich der Interjektion, gipfelnd in einem ›Hm‹, jenem unwillkürlichen Hüpfer des Gemüts in den Mund, der, von obszönen Falten gekerbt, nicht mehr zum Sprechen da ist, sondern zum Fressen, Saufen und anderen Profanitäten.
Ich hätte Frau N., die mit der Wurmbewegung der Hingabe über den Fußboden kroch, belehren, sie mit dem Fuß anstoßen sollen, fürchtete aber, die bescheidenen Inhalte ihrer Mitteilung würden mir wieder Kopfweh bereiten. Odi profanum vulgus et arceo. Jedes Wort ein Schlag ins Genital. Außerdem ist es widerlich, das Zusammenzucken des Volkes am eigenen Leib zu verspüren, mit denen am Boden ein Leib zu sein.

Im Traum, den ich träumte, habe ich mir Frau N., die Putzfrau, als meine Leserin vorgestellt und bin, zitternd um meine Wirkung, erwacht.
Die Ruptur (der Schock) über diesen Traum, verflog schnell. Ich wußte, Frau N. würde meinem Werk, dieser Zusammenballung von Sinn und Bedeutung auf engstem Raum, niemals zu nahe treten, außer vielleicht beim Entstauben.

Ich kann in keinen Spiegel mehr sehen.

In dieser TV-trüben, herunterdemokratisierten Fick- und Ex-Gesellschaft, in der ein magazinäres Allerlei die freiheitlich soziale Grundordnung der Kunst untergräbt, lobe ich mir meine vermehrte Neigung zum Gerundiv.
Lerne leiden ohne zu klagen, sagte Frau N. neulich, als sie die Kloschüssel von meinem Erbrochenen säuberte (Gerundivum trivialis). Während sie noch im Scheißhaus hantierte, gelang mir folgende Enunziation (Erklärung): Wir, eine kleine Geisteselite, zuständig für das recycling der Moral sowie des verbrauchten symbolischen Wissens, sind stolz darauf, als Wiederaufbereitungsanlage des 19. Jahrhunderts verstanden zu werden.

Writer über den Bodensee

Nach Martin Walser

Das wichtigste Organ eines Mannes, der sich mit Frauen einläßt, ist seine Zunge. Aus Rost plus Motten mach Most plus Rotten mach Rast plus Matten mach Mast plus Ratten und du kriegst Mottenmast geteilt durch Rattenrast. Der Rest ist Schweigen. Erröten. Erblassen. Schweißausbruch. Adernschwellung. Ekzem. Exitus. Spiritus. Sanktus. Sanktnimmerleinstag. Jüngstes Gerücht. Völker hört die Vokale. Schön wärs, Melanie. Sinds die Augen, geh zu Ruhnke. Und, wenn, es, die, Zunge, ist? Gebrochen, verschluckt womöglich. Sprachlos, umstanden von abgestandenen Fräuleins, in deren Muschelohren ich stetig mein Zeit-Nippes kippte, Zeit-Blabla schippte, stehe ich da. Bodensee-Hodensee und Umgebung. Die sieben Berge, die sieben Zwerge. Wohlstandsmüll-Berge, Sprachmüll-Berge, Ehemüll-Berge.

Die kaum handelnden Personen sind dem gehobenen Mittelmaß entliehen, das sich durch gediegene Langeweile auszeichnet. Small talk is easy. Also sowohl als auch nicht, Herr Direktor. (Hoechst, IG-Farben. Ansonsten höchst farblos der Mann.) Wo war ich stehengeblieben? Richtig, am Hodensee-Bodensee. Zungenlos unglücklich, Melanie. Wer züngelt jetzt gegen Goethe? Wer zeigt seinem Gretchen die Faust, dieweil ich nach meiner Zunge suche? Ich muß-muß sie finden. Schließlich ist sie die schnellste, speichelfressendste Zunge der Bunzrepublik Deutschlanddeutschlandüberallesinderwörld. Wasserverbrauch pro 100 KA-EM: 600 Liter. Der halbe Bodensee ist schon leer. Mein Zungensalat wird auf allen einschläfrigen Parties gereicht. Darauf einen Enzensberger!
Zum Wohl
sagt Melanie, der mein Schweigen gut zu Gesicht steht. Sie empfindet eine Art Naherholung, wenn ich nicht rede. Schweigen ist Frauengold. Sie knöpft mir den Hosenschlitz auf und fängt an zu lachen. Was yscht itz das für ene Gartenzwerg? fragt sie und zeigt auf das Rote, Feuchte, das mir aus der Hose hängt. Da ist sie ja, meine Zunge! Die Bände sprechende. Walser-Wälzer. Die bodenseeständige, bodenseelose Zunge-Zunge. Warte nur, balde, Goethe! Eckermann-Neckermann kömmt! Zittere Heideröslein!

Russisch Brot

Nach Heinrich Böll

Als er den Zug im katholischen Bonn verließ, wäre er gern in die kleine Kirche gegangen, in der er früher gebeichtet hatte; er wollte für S., jenen russischen Dissidenten, den (er mochte sich nur mit Abscheu daran erinnern) das MAGAZIN als »Solches-nützt-ihm« zu diffamieren sich nicht entblödet hatte, beten, verspürte jedoch wenig Neigung, in die Gesichter all der scheinheiligen Katholiken zu blicken, die, Minister und Ministerialräte, Mitglieder des Wehr- und Presseausschusses, ihn mit immer größer werdender Gereiztheit erfüllten. Er mußte an Dr. Raddicki, den Literaturpapst denken, der ihn während einer Gerichtsverhandlung, in deren Verlauf ein Mann von der ZEITUNG ihn, B., obwohl es verboten war, fotografiert hatte – die Unterschrift unter dem Foto lautete: Gruppenbild mit Noböllpreisträger – seiner »altväterlichen Umstandsprosa« wegen aufs Korn genommen hatte, worauf der Generalstaatsanwalt Kugl-Bichler, ein Neffe des ehemaligen SA-Bauernschaftsführers und jetzigen Bundestagsabgeordneten Bichler-Labiche – dessen Vorfahren Hugenotten waren, ein Umstand, den seine frühere SA-Mitgliedschaft in einem noch trüberen Licht erscheinen ließ – sich nicht verkneifen konnte, in ein Gelächter auszubrechen, das sich später (B. vernahm es durch die dünne Wand der justizeigenen Toilette) zu einem Lachkrampf auszuweiten drohte; ging also nicht in die kleine Kirche, sondern bog, einer seinem melancholischen Naturell entsprechenden Eingebung folgend, in eine dunkle Seitenstraße, wo er jener Borniertheit, wie man sie außer in der als Landeshauptstadt bezeichneten Kloake nur noch in Klostergemeinschaften kennt, zu entrinnen trachtete; dort, im fahlen Schein einer Laterne, traf er auf jenen Hund, den Pinscher zu nennen er (seit er selber in gleichlautender Weise verhöhnt worden war) sich nicht getraute, jedoch beherzt in die Tasche griff, um dem Vierbeiner sein letztes Stück Russisch Brot – das vorletzte hatte er mit K., einem anderen russischen Dissidenten, geteilt – zu verabreichen. Er böllte freudig.

Aal grün

Nach Günter Grass

Oskar, der Matzerath hieß, Blech trommelte, Blech redete, Blech auch bedichten wollte auf frommem, unschuldsweißem Papier, das nachgab, die Tinte und Oskars Finger gewähren ließ, evangelisch wurde, dem Katholizismus wegen der fälligen Beichte abschwor, dann nicht mehr fromm war und unschuldsweiß nur am linken, unbeschriebenen Rand – Oskar hatte die Schreiblust gepackt. Er schrieb vielfingrig, tauchte erst fünf, dann zehn Finger in jene Öffnung, die, obwohl oft und ausgiebig berührt, unberührt blieb, seine Lust nicht erwidern wollte, bis Oskar sich seines elften, besonderen Fingers besann. Er knöpfte, riß an der Hose und holte hervor, was ihn zum Mann stempelt: einen Aal, Zitteraal, Aal von der Seeschlacht im Skagerrak, Aal von der Hafenmole Neufahrwasser, Karfreitagsaal, Leichenaal, Aal von deinem Aal: den man in Tinte taucht, um ihn auf weißem, unberührtem Papier laichen zu lassen.

Was Oskar, das Tintengefäß mit dem kalten lustlosen Loch in der linken, den Aal in der rechten Hand, für weise Zurückhaltung hielt, füllte in einer Woche zweitausend Seiten, verlief sich, gab sich im Anfang als Handlung aus, wurde dann trocken und gebar immer von neuem Aale.

Man kann einen Roman, in dem es von Aalen wimmelt, Aale Gestalt annehmen und Briefträger werden, die statt der fälligen Amtsschreiben Aale in die Briefkästen werfen, nicht mit Romanen, die keine sind, weil in ihnen nur Möwen vorkommen, vergleichen oder ihm vorwerfen, daß Aale sich leichter in Fäden, Knäuel und später in eine Masche verwandeln lassen als etwa Flundern. Aale sind schleimiger als, haltloser als und verwandeln sich unter der Hand in Trommel- und Schlagstöcke, die auf Hinterköpfen taktloser Demonstranten, zwei links, zwei rechts, als äußerst musikliebend sich ausnehmen und gemeinsam mit anderen Aalen eine Partei gründeten: die Sozi-Aal-Demokraten.

Weil Oskar aalergisch war gegen alles was Netz hieß und nicht nach der eigenen, langläufigen Masche gestrickt war, schimpfte er Brecht einen Gemüsehändler, der weder an die Kartoffel noch an den Wirsingkohl glaubte und sich dennoch als Gärtner, Naturfreund und Vegetarier ausgab. Hinzu kam, daß er, Brecht, den dialektischen Materialismus nicht lassen konnte, was Oskar bewog, in die Re-Aal-Politik überzuwechseln und Blech gegen Rotkehlchen, Rotkäppchen und rote Grütze zu trommeln.

Natürlich war Brecht nicht auf Anhieb zu übertönen, aber Oskar, der indessen Aal grün speiste, um dem Rot aus dem Wege zu gehen, gab sich zuversichtlich, indem er meinte: eines Tages wächst Grass drüber.

(1972)

Thema Nummer eins

Nach Gabriele Wohmann

Ich hatte das getan, was wir Frauen »uns schönmachen« nennen, um seinen weich-possessiven Blicken standhalten zu können. Dann stieg ich, Wollust im Herzen, die Stufen zum düsteren Turmzimmer hinauf.
Er saß im Lehnstuhl, die dürren Beinchen in eine Wolldecke gewickelt. Ich seufzte tief und genoß es, ihm emanzipiert-breitbeinig gegenüberzusitzen.
Ich stellte mir seine Hände vor: hart, das hoffte ich, die Lippen auch, hart hart, möglichst trocken – ich würde es bald erfahren.
Ich zog meinen Rock hoch, ließ ihn die schwarzen Strapse sehen, die ich meiner leicht plusquamperfektischen Jugend wegen gelegentlich überstreifte.
»Armer Alter«, sagte ich, während mein großer Zeh sein kaltes, haarloses Wadenbein kennenlernte. Ich stöhnte, bewegte mich rhythmisch und schnell seiner Hand entgegen.
»Komm«, sagte ich feucht. Meine Stimme hatte keinen Untergrund. Sie war quallig wie eine Improvisation auf dem Klavier, eine Stimme mit Pedal. Mein Herz schlug: eins zwei, eins zwei. Musik, Trommeln und Geigen. Und weich, samtweich das tiefe C einer Soloflöte, das mir die Erlösung brachte.
Ich schwitzte, stand elfenbeinig-entblößt über der Wachsfigur, in deren toten Augen sich Deutschland spiegelte, totes Land.
»Du hast vierzig Jahre ohne Frau zugebracht. Das ist, zumindest vom literarischen Standpunkt, unzumutbar.

Da muß man ja wahnsinnig werden«, sagte ich und zog meinen Schlüpfer hoch.
»Pauvre Holterling.«

Bestsellerie

Nach Walter Kempowski

»Gelb auf gelb gibt keine Flecke«, sagte mein Vater, als das Eigelb auf seine SA-Uniform kleckerte.
»Nein, wie isses komisch«, rief meine Mutter.
Er lachte und rülpste die Tonleiter rauf und runter.
»Besser vorn als hinten raus. Hahaha!«
Für mich, der ich am Ende der Tafel saß, hatte er manchen Scherz parat.
Was »Kohlöppvehnah« heiße, »ansage mir frisch!«
»Die Kuh läuft dem Vieh nach«, mußte ich dann antworten.
Daraufhin wurde »Gut dem Dinge« gesagt.

Ob im Wald, ob in der Klause
Dr. Krauses Sonnenbrause.

Manchmal setzte mein Vater sich an den Flügel und spielte die Davidsbündler Tänze.
»Kinder, wie isses schön«, sagte dann meine Mutter, »wie isses bloß schön.«
»Gutmannsdörfer!«
Meine Schwester aß saure Gurken und trank dazu lauwarmes Wasser. Ich mußte meine Kalktabletten nehmen und einen Löffel Lebertran.
»Scheisse mit Reisse.«
An der Wand hing Clausewitz.

»Dschungedi«, rief mein Vater. »Die blauen Dragoner sie reiten!«

Das sagte er jedesmal, wenn er aufs Örtchen mußte. Er liebte es übrigens nicht, wenn man eben vor ihm aus dem Klo herauskam. Dann war die Brille noch warm.
»Dunnre di Düwel nich noch eins!«
Und meine Mutter rief: »Wie isses nun bloß möglich!«
Entpörend.

Wer fällt vom Pferde wenn es furzt?
Das ist des Kaisers Unterurzt.

Mein Vater suchte die Kartentasche raus, die von 14/18, und seinen Orden, das EK I (Afrika-Korps).
Die seien bald erlederitzt, sagte er.
»Wer?«
»Die Russkis.«
Aus denen mache Hitler Lebenswurst. (Scherzhaft für Leberwurst.)
Ob er schon einen Menschen erschossen habe?
»Nur Neger.«
Das sei zu und zu komisch, sagte meine Mutter. »Nein, wie isses komisch«, rief sie. »Ich mache mir gleich die Büx naß.«
Immerhinque.

Ob im Wald, ob in der Klause
Dr. Krauses Sonnenbrause.

Ich schrieb unentwegt Zettel, die ich in Karteikästen zu sammeln begann.
Was ich da täterätäte, wollte mein Vater wissen. »Ansage mir frisch!«
Ich schriebe alles auf.
»Wozu?«
Ich druckste herum. Hätte ich sagen sollen: um später

daraus einen Bestseller zu machen? Für so verbumfeit hielt ich die deutschen Leser damals noch nicht.
»Notiert jeden Pup, der Bengel«, sagte mein Vater und fügte schmunzelnd hinzu: »Tadellöser! Die Fürze sind des Lebens Würze.«
Furzsetzung folgt.

Kaspar Nova

Kaspar Nova

Nach Peter Handke

KASPAR
Ihr werdet euren Kaspar nicht wiedererkennen
so neu wird er die Dinge beim Namen nennen
so schön und überaus hehr
als wenn Ostern und Allerheiligen wär
Er verwandelt sich in Nova und stimmt einen Singsang an

NOVA
Aus eurer Taubstummheit, dem Drohschwarz des Trauerns
führe ich euch in das Lichtzelt des Überdauerns
wo Sprachenglanz waltet, ein Umstandswortgefunkel
das euch die Erleuchtung verheißt im Sendeschlußdunkel
Ihr müßt nur ein wenig die Seelen lüpfen
und Fallschirme daraus knüpfen
dann werdet auch ihr euch erheben und schweben und lachen
und euch aus dem Staub der Baustelle machen
in Herzensreinheit und Gottvertraun
Ihr werdet durch mich die Ewigkeit schaun
an der ihr blicklos, wie dumpfe Tiere vorbeimarschiert seid
als gäbe es keine Bauarbeiterunsterblichkeit

Hans, ein Arbeiter, nimmt den Singsang auf und führt ihn weiter

HANS
Und immer ergießt sich wie aus den erzenen Kelchen

der Betonmischmaschinen, aus welchen
Beton sich ergießt, die Sprache; wieder und wieder
nimmt der Dichter kein Blatt vor den Mund, sondern
Flieder
Im Herzen Glanz und auf der Zunge Seife
entfernt er sich in einer letzten Schönschriftschleife
und kehret ein in das Metaphernreich
Sprechblasen auf den Lippen, made in Österreich.

Mond über Kossin

Nach Anna Seghers

Es war kurz vor der Regenzeit. Wir saßen in Korbstühlen auf Guadalupe und ließen den Mond über uns gelb werden.

»In Kossin«, sagte ich beiläufig, »geht der Mond nicht vor morgen auf.« Ich dachte: das muß an der Geographie liegen, aber diese Erkenntnis brachte mich keinen Schritt aus dem schlimmen Gefühl weg.

Kossin. – Ich mußte, als ich danach an dem Geläut der Postschiffe vorbeikam, sofort an das Packpapier mit den vertrauten Briefmarken denken, das mir die Werkleitung über die sieben Meere nachgeschickt hatte. Es hieß darin, daß sie jetzt schöne Erfolge hätten und daß, wenn es weiter so aufwärts ginge, sie bald ein Schild an den Mond machen würden: VEB. Das ließ mich lächeln, und ich entdeckte wieder die seltsamen Fähigkeiten aus meiner Schulzeit in mir: Ich konnte das Grün jetzt riechen, und ich fing an, das Land, welches hoch über dem graublauen Meer lag, in kleinen Zügen einzuatmen.

Der Mond war jetzt gelb und rollte in sanfter Entfernung über einen Zaun aus Orgelkakteen.

Mir fiel ein, daß es immer derselbe Mond war, ob er nun hier oder woanders gelb oder grün wurde, oder über Kossin.

Auch Lenin hatte den Mond angesehen, als er sich nachts aus dem Kreml beugte – aber er hatte gewiß etwas anderes im Auge.

Während ich also herumging und auf mein Transit war-

tete, landete hoch über mir der erste Mensch auf dem Mond, ein sowjetischer Kosmonaut.
Das erfuhr ich drei Wochen später, als ich schon auf dem Schiff war und den Anblick Europas mit beiden Augen herbeisehnte. Ich dachte: jetzt gehört der Mond uns.
In Kossin auf dem Marktplatz aber hockte mein Heimweh und wurde kleiner und kleiner, je größer ich auf Europa zukam.

Mondhaar

Nach Sarah Kirsch

Wie siehst du denn aus Mond
in deinem Haar knistern Raketen
Zopfhalter ein roter Stern
warte ich komm mit der Brennschere
elektrisch von unterm Weihnachtsbaum
ich brenn dir eins über
du Glatzkopf dein Haar
hängt in meiner Suppe
die muß ich jetzt auslöffeln
ach Mond

(1971)

Nachundnachdenken

Nach Christa Wolf

Fast wäre mir eingefallen, worüber ich nachdenke. Ich hatte den Leichnam schon auf der Zunge, aber dann war es doch wieder so, daß ich nicht wußte, woran ich mich zu erinnern drohte.
Mir war plötzlich klar, daß die Dinge, die ich vor Augen hatte, im Nebel lagen.
Nebel. Ein doppeldeutiges Wort. Wir nähern uns dem Unschärfenbereich der Gegenwart.
Im Nebel oder im Sozialismus. Ein grauer Tag jedenfalls, also wohl November. Ein Monat ohne Weisheit. Auch mir fällt nichts ein. Nichts.
Nicht, daß ich mit einem Einfall gerechnet hätte, da müßte ich lügen. Nicht jeder Stern strahlt hell und beständig. Von schwierigen Sternen hat man gehört, von wechselndem Licht, schwindend, wiederkehrend: Ich könnte ein Lied davon singen. Wenn ich singen könnte. Worauf es aber nicht ankommt.
Und worauf käme es an?
Davon wird berichtet werden zu seiner Zeit. Behutsam, wenn möglich, da Tote verletzlich sind.
Wer ist tot?
Einerlei. Willkommen in unserer Gemeinschaft. Ich erschrecke nicht und bin mir bewußt, worüber ich nicht erschrecke: Mir fehlt die Gewißheit.
Wie aber könnte man das mit Gewißheit sagen?
Zum Glück treibt das Leben selbst die Romanhandlungen an, allerdings nur infolge der seltsamen Inkonsequenz unserer Seele.

Wer hat da Seele gesagt?
Ich.
Jetzt heißt es doppelt vorsichtig sein. Die Luft in Schwingungen bringen, die wirkliche Berührung vermeiden. Das Gefühl zügeln.
Man braucht für jeden Satz den Erdteil, in dem er gesprochen wird, das Jahrhundert, das zu ihm paßt.
So oder anders.
Die Biologie ist eine dramatische Wissenschaft, an Tragödien reich, von unglücklichen Zufällen durchsetzt. Punkt.
Wie konnte einer, den man fast jeden Tag sah, unversehens darauf verfallen, zu sterben? Es war aus blauem, heiterem Himmel gekommen. Eine Störung, Medizinisches oder dergleichen.
Aber was?
Schwer zu erzählen. Aber gar nicht erzählbar unter dem entmutigenden Zwang der Tatsachen, die ich zum Glück nicht kenne.
Es war Leukämie.
Das hätte ich nicht sagen sollen. Jetzt denken einige, daß ich mich vor der Wahrheit fürchte. Aber es war kein Selbstmord, soweit ich mich undeutlich erinnere.

(1973)

Gürtelrose

Nach Ingeborg Bachmann

Mit Kunsthonig gefüllt sind die Brunnen, in die ich die Netze tauche, romantischen Sprachtüll, aber das schöne Buch läßt sich nicht fangen, es gibt kein schönes Buch, die Netze sind leer, das schöne Buch können wir abschreiben. Kein Morgen, kein Mittag wird kommen, die Menschen werden schwarze, finstere Augen haben, von ihren Händen wird die Zerstörung kommen, der Realismus wird kommen, es wird diese Pest, die in allen ist, es wird sie dieser Realismus, von dem alle befallen sind, dahinraffen, bald, es wird das Ende sein.
Die Menschen werden aus Gartenlauben heraus in die Laubgärten treten, sie werden die Ebenen durchstreifen, in Brunnen tauchen, die steinernen Venen der Melancholie. Auf sandelholzfarbenen Nachen werden sie treiben, sich treiben lassen, im Strom meines Blutes, in dessen Rauschen der Tod schläft, ein schwarzer Prinz, dessen Zepter ein Knochen, dessen Herz eine Schale ist, darin Kalk lagert. Sie werden treiben und anlegen mit ihren Booten, an meiner Hüfte, und einen Gürtel aus Blut bilden, aus dem alle Rosen kommen. Gürtelrose, o reiner Widerspruch, ich neige mich über den Rand eines schwarzen, erloschenen Brunnens und rufe hinab: Himmelsschlüssel Tausendschönchen Vergißmeinnicht Rilke.

(1972)

Licht und Lorbeer

Nach Stephan Hermlin

Eines Tages ist mir ein Licht aufgegangen
Im finsteren Blut. Die Schläfen, von Rauch verhangen,
Trugen den Lorbeer. So hat es angefangen.

Strahlend stand ich im steinernen Fleisch der Städte,
Die wie Kadaver lagen. Haare, kupferne Drähte
Klirrten, wo einst die Musik von Mozart wehte.

So ging ich zagenden Schrittes, an meiner Seite:
Hölderlin, schweigend, den Blick in umwölkte Weite,
Während im kalten Ost es Fallbeile schneite.

Da verschlug es auch mir die Stimme. Ein letztes Wehe
Rief ich den Mördern zu, in deren blutiger Nähe
Mein Lorbeer verdorrte ... Ich schweige, bis ich
vergehe.

Auf den sanften Flügeln, bestehend aus Mozart-Sonaten,
Schwebe ich fortan im Himmel der Literaten,
Dem ungeteilten, über den deutschen Staaten.

Der Sündenfall

Für Kinder erzählt
nach Franz Fühmann

Es war zu einer Zeit, da die Menschen noch keine Kleider benötigten, um schön zu sein, sondern sie durften nackt, wie Gott sie erschaffen hatte, herumgehen. Das war ein grausames Gesetz, aber so war es nun einmal in den schlimmen alten Zeiten, in denen es zwar einen Baum der Erkenntnis gab, aber wer davon naschte, wurde nach Strich und Faden zurechtgewiesen. Später, nach der Gründung der Deutschen Demokratischen Republik, die ich mit eigenen Augen, eigenen Händen und eigenen Füßen erleben durfte, gehörte der Baum, an dessen unteren Zweiglein auch einige Blätter von mir hängen, nicht mehr nur einem einzigen Menschen, sondern dem Volk, das sich mit Mühe ein Paradies geschaffen hat, einen volkseigenen Garten Eden. Womit wir auch schon bei unserem Märchen angelangt wären. Es handelt vom lieben Gott und dem Sündenfall, der damals, als es noch keine Dichter und Denker gab, viel Staub aufwirbelte. Erinnert Ihr euch? Kaum war der liebe Gott einmal weggegangen, um eine Besorgung zu machen, ging es drunter und drüber im Paradiesgarten. Er war daraufhin mächtig sauer, und als er das Weib, eine bessere Rippe des Mannes, wütend zur Rede stellte, sagte sie und kaute noch immer auf ihrem Apfel vom Baum der Erkenntnis herum: »Ich weiß nicht, was du dir für Gedanken machst, lieber Gott.« Und sie lachte so eigenartig und fügte, nachdem sie noch einmal abgebissen hatte, hinzu: »Du solltest einmal probieren, was deine Sünde für eine großartige Angelegenheit ist.«

Nun darf man aber nicht alles, was Eva dem lieben Gott unter die Nase hielt, für bare Münze nehmen. Ihr wißt, die Erwachsenen übertreiben gern, weshalb ich euch rate, der Sünde keine größere Aufmerksamkeit zu schenken, als ihr im Land der Dichter und Denker zukommt. Oder, um es verständlich zu sagen: als es dem lieben Gott geraten erscheint. Der damals sagte, er könne es sich nicht leisten, ein Faß aufzumachen, da er viel zu bekannt sei, und überhaupt habe er etwas ganz anderes im Kopf als wir, die gewöhnlichen Sterblichen. Na, da hättet Ihr einmal hören sollen, was für ein Lärm sich erhob und wie ihm einstimmig widersprochen wurde. Denn mit dem Kopf, hieß es, habe die ganze Angelegenheit nicht das geringste zu tun. Einen Kopf braucht man zum Leutebeschummeln, Kriegmachen und wie diese unvernünftigen Dinge noch alle heißen. Für die Sünde aber, die ein großes Vergnügen darstellt, muß einer viel mehr haben, einen ganz anderen Glanz, und er darf auch nicht schlappmachen, weil er sonst nimmer das Paradies schaun wird.

Als Gott sich das alles angehört hatte, war ihm gefühlsmäßig klar, daß er die Sünde nicht einfach rückgängig machen konnte. Daraufhin zog er sein kleines kunstledernes Büchlein hervor und notierte: Aufenthalt unter keinen Umständen verlängern. Klammer auf, Ausweisung erfolgt spätestens übermorgen, Klammer zu. Und dann strich er das Wort »schmerzarme Geburt« aus.

So, das wäre es, liebe Kinder. Ich hoffe, Ihr lest später, wenn Ihr groß seid, auch meine anderen Bücher, in denen ich langwierig beschreibe, wie ich, in Richtung der Märchen gehend, in ein Land komme, in dem die schmerzarme Geburt zu den alltäglichen Dingen gehört.

(1972)

Mit verkalkter Feder

Zitate statt einer Parodie aus dem Roman
»Oktoberreise mit einer Geliebten«
von Robert Neumann
dem Meister der deutschsprachigen Parodie

– schamhaft verborgene Tiefendimension heiterer Schwermut.
Es gibt kaum einen zweiten Roman von ähnlichem Charme und ähnlichem Spielniveau
in der deutschsprachigen Literatur der Gegenwart.
Verlag Kurt Desch, München Wien Basel

Silbern plaudernd schlenderte sie mit ihm hügelauf –
Dann sagte sie, mit einer ganz anderen Stimme, mit einer leisen Leidenschaft: »Für mich nämlich, wenn du mich wirklich dort hinunter mitnimmst, für mich bedeutet Riviera: zum aller-aller-erstenmal.«
– er küßte sie auf den Haarflaum hinten am Hals.
Sein neues Leben war Zeugenschaft, und auch das Leben mit diesem Mädchen war Zeugenschaft – »Ich komme mir bei dir vor wie Kolumbus angesichts des unerforschten Amerika.«
– und mit dem Wind im Haar sah sie aus wie eine APO-Studentin –
– von statuenhafter Eleganz, ihr Haar war ebenholzschwarz. Er hauchte weithin sichtbar einen Kuß auf ihre Wange und ging weiter, indes sie mädchenhaft und erfreut errötete.

Sie lenkte den Wagen und war kühl und frisch wie eine Gurke.
Er: »Bieg links ab. Annency, Aix, Grenoble.«
»Grenoble?«

»Stendhal, du weißt ja, seine Geburtsstadt.«
»Stendhal? Nie gehört.«
Er: »Tot.« Er wollte nicht, aber er fügte doch noch hinzu: »Größter französischer Romancier.«
»Komm«, sagte sie. Und mit einer anderen, weichen Stimme, ihrer Finstere-Zimmer-Stimme sagte sie –
– er küßte sie schamlos und erfahren, er war in großer Bewegtheit und jugendfrisch –
Sie sagte leise: »Ich kann nicht mehr.«
Er lachte: »Diese junge Generation.«

– hat der Alte den jungen Schnöseln doch noch gezeigt, was eine Harke ist; sie der Lächerlichkeit preisgegeben; ein Triumph für uns alle.

Sie lachte silbern mit allen Zähnen.
»– der Jugend hinten hineinkriechen mit Geschmacklosigkeiten wie diesen sexuellen Exzessen, ein weißhaariger Mann wie Sie, ein Sexualkonjunkturspekulant –«
– aber da stiegen ihr schon wieder die ihr verhaßten, von ihr verachteten Tränen in die Augen. Sie sagte: »Es ist diese Scheiß-Riviera-Sonne, die alles aus einem herausholt«.

Er belehrte sie: »Man ist als Zeuge aufgerufen, vor sich selbst. Vor dem eigenen Selbstgericht. Kurzum: Autobiographie«.
– schließlich war er ein Worthandwerker, ein Formulierer –
– sagte er mit unglaubwürdig blitzenden Zähnen, die auf eine perverse Weise zu ihren Haaren paßten.
»O du Idiot«, sagte sie. »O du Idiot. Wahrscheinlich ist das alles seniler Schwachsinn.«

(1972)

Dank an Deutschland

Nach Ernst Jünger

Wilflingen, 13. 4. 1982. Wieder ein Tag, der begonnen hat. Objektiver Befund. Schopenhauer hätte den Indikativ bevorzugt.
Mittags Spinat. Danach sogleich auf die Toilette, um nachzusehen, in welcher Färbung mein Stuhl sich mir präsentieren würde. Die Hoffnung auf ein solides Braun trog insofern, als es ins Gelbliche spielte – besonders an den teigigen Rändern, in denen ich Reste vom gestrigen Mittagessen erkannte. Brassica oleracea botrytis, zu deutsch: Blumenkohl.
Beim Säubern des Schließmuskels fiel mir der Goethepreis ein. Ich werde eine Dankrede halten, die meinen Gegnern ins Mark fährt.
Die fünfzigtausend Mark, die der Preis abwirft, scheinen mir angemessen. Allein meine Syntax ist soviel wert.
Nach dem Kompott in älteren Tagebüchern.
Ich muß meiner Rede die größtmögliche Sinngebung geben. Der Satz enthält eine Doppelung, die mir zu schaffen macht: Im Magen angestaute Luft mit Pfeifen und einem gewaltigen Knall nach unten entwichen. Mein Leib, Hülle des Geistes, wehrt sich gegen stilistische Unsauberkeiten.
Zum Abendmahl Jagdwurst.

Wilflingen, 14. 4. 1982. Frühstück mit Goethe, Gesamtwerk. Dann weiter im alten Tagebuch: »Paris, 12. März 1942. Bei meinem morgendlichen Ritt in den Bois de

Boulogne wohnte ich einer Exekution bei. Vier junge Frauen, vermutlich Flintenweiber, waren unter den zu Erschießenden.
Salve: einst ein römischer Gruß, von den Franzosen zu einem Kommando herabgewürdigt, das zutiefst weiblich ist, also verweichlicht. Das A in dem Wort stellt sich dem Etymologen als Vagina dar, in die hinein die Kugeln zu spritzen haben. Wie gut, wie männlich dagegen das einfache »Feuer frei!« Im ganzen Park roch es nach Schindanger.
Ich bat R., meinen Knappen, vom Pferd zu steigen, um mir ein Exemplar der Chthyrophanea archeoptera zu pflücken, das – selten genug – rot gesprenkelt war.
Enttäuschung: das Rot erwies sich als ein Gemisch aus Blut und Gehirnfasern, das von der Exekution herrührte.
Sonne, Vogelgesang.
Die Leichen der vier jungen Frauen verrenkten obszön die Glieder.
Paris, 17. März 1942. Mit der Doctoresse, die mir ein Mittel gegen Spulwürmer verschrieb, im Louvre. Danach bei Cocteau, der mich wie immer in seidener Wäsche empfing. Ich las ihm die schönsten Stellen aus den »Fossiles Classiques« vor.
Am Abend ins ›Majestic‹, wo ich mit einigen Herren des Oberkommandos einen Chablis trank.
Nachts Fliegeralarm. Die Schönheit der brennenden Stadt bewundert. Danach heftiger Glücksanfall über die deutsche Großschreibung.
Flächenbombardement: wenn man dieses Wort kleinschriebe, verlöre es seine soldatische Emanation. (Doppelter Konjunktiv.)
Die Möglichkeit, daß England den Krieg gewinnt, ließ mich nicht schlafen. Schweiß, kalte Füße. Die Klein-

schreibung scheint mir bedrohlicher noch als der Bolschewismus.«

Wilflingen, 15. 4. 1982. Eier im Glas, dann weiter an meiner Dankesrede. Ich muß beweisen, daß Goethe, lebte er noch, sich gleichwohl und ohne Zögern herbeiließe, den Jünger-Preis in Empfang zu nehmen.
Juckreiz zwischen den Zehen, vermutlich Fußpilz.
Ich streiche das Wort ›Flintenweiber‹ aus meinen Schriften, um vermeintlichen Gegnern den Wind aus den Segeln zu nehmen. Ein Exemplar der Langusta proboscidea ruft in mir, einem deutschen Entomologen, ohnehin mehr Interesse wach als sämtliche sozialen und Kultur-Revolutionen.
Neue Unterhose, da in der alten zuviel Spinat.
Am Abend, bei einem Spaziergang, Schwäbisches über den Zaun: »i bi nie kein Nazi gsei«, sagte mein Nachbar, der, Ritter des Großkreuzes, für kurze Zeit meine Ordonanz im Weltkriege war.
I bi nie kein Nazi gsei: mit diesem Wohllaut im Ohr verbrachte ich eine stille, fast heilige Nacht.
Vorher Bouletten und Pfefferminztee.

Warte nur, balde

Das Fahrrad steigt im Jahrhundertwind

Nach Johannes R. Becher

Seht! in die Speichen greifend, steigt herauf der Mensch.
Nicht mehr getreten, tritt er die Pedale.
Umstrahlt sein Antlitz, nicht mehr Gottfried bennsch,
Saust in den Himmel er. O Internationale!

(1973)

Hund und zurück

Nach Gottfried Benn

1912
Einem toten Hund,
der drei Tage in der Kanalisation gelegen hatte,
schnitt ich mit einer Rasierklinge
die schleimigen Hoden heraus.
Der Krankenschwester, die kurzsichtig war,
sagte ich, daß sie von einem Neger stammten.
Ach, wie verzückt sie starrte
als sie die Eier löffelte!

1932
Eine Epoche geschwommen
in Eiter, in Strömen von Blut.
Der Mensch: auf den Hund gekommen.
Ebbe im Hirn. Und Flut –:
Wie er das Bein hob, das rechte
und pißte aus schlaffem Darm.
Dann Neubeginn. Aufstieg. Das Echte:
erhoben der rechte Arm.

1952
Das Schweigen dann. Das erste Wort. Das Stammeln.
Dem Hund, der in mir steckt, befahl ich: such!
Und siehe da, das Sichten und das Sammeln,
es lohnte sich –: griechisches Wörterbuch.
Ein bißchen Mythos, ein paar Chromosomen
summieren sich zum Inhalt des Gedichts –
ein Substantiv, ein Adjektiv, Pronomen
et cetera, Big Benn. Nach mir kommt nichts.

Tod in Bonn

Nach Wolfgang Koeppen

K. stand am Fenster, schlenkerte sein Geschlecht, das ruhig, wohlproportioniert zwischen seinen trainierten Beinen hing. Es klirrte. Was klirrt, o Hölderlin? Die Fahnen im Wind, die Knochen der Toten? Die saßen aufgereiht in der American Bar, Strichjungen, picklige Knaben, deren Gesäße die letzte Ölung noch nicht empfangen haben. Chianti im Glas, Eis in den Augen, die Lippen lila und grün. Draußen der Rhein. Schicksalsfluß, Schlagfluß der Deutschen. Götterdämmerung. Willy Birgel reitet für Deutschland, während der Kanzler Rosen züchtet. Morgenstunde hat Schwarzrotgold im Munde. Im Hohen Haus jenseits des Flusses saßen die Nibelungen, Henker, verkalkte verkommene Denker, die das Volk zu den Waffen riefen. *Volk ans Gewehr wir werden weiter marschieren.* K. drehte sich um.
Ein Knabe stand nackt im Raum, wiegte die Hüften. Schnee, dachte K. Narvik. Die Städte brannten, stygische Wasser rannen. Styx Elbe Acheron Rhein hießen die Flüsse, aus deren Schlamm, dem Öl der Panzer, dem Fett der Echsen, wir uns erhoben. Wagalaweia, sangen die Töchter des Rheins. Wachstum. Wirtschaftswunder. Wir sind wieder(bewaffnet) wer.
K. fischte nach einem Geldschein. »Komm«, sagte er zu dem Knaben. »Besser den Arsch im Bett zugekniffen als auf dem Schlachtfeld.«
Wagalaweia. Rechts um, zurück in die Eiszeit Steinzeit. In meinen Romanen von gestern leben die Toten von morgen. Der Rest ist Hölderlin.

Die Hölderlinie

Eine deutsche Komödie nach Peter Weiss und Martin Walser

Auf der Bühne eine blutbefleckte Badewanne auf Rädern, darin zwei Popanze, die Herren Hegel und Goethe darstellend. Auf einem Podest stehen die großen deutschen Revoluzionäre Peter Weiss und Martin Walser. Letzterer hat etliche Instrumente umgehängt, mit denen er im Bedarfsfall Lärm erzeugen kann. Weiss klopft dreimal mit dem Stab auf den Boden. Dies gleicht einer Ritualhandlung.

WEISS
Verehrtes Publikum

WALSER
Das Stück unter der Leitung des Herrn Peter Weiss
erbringt so hoffen wir den Beweis
daß die teutsche Revoluzion auf der Strecke blieb
weil Goethe z. B. die »Iphigenie« schrieb

WEISS
Mit seidener Hose und gepuderter Perücke
sehn Sie besagten Herrn in unserem Stücke
Wenn er auftritt bringt er immer einen vornehmen Ton
in die ernsten Belange der Revoluzion

GOETHE *von Waldhörnern begleitet:*
Die Vöglein schweigen im Walde
über allen Wipfeln ist Ruh

WEISS
Um derlei Geschmacklosigkeiten entgegenzutreten

habe ich Martin Walser um eine Abhandlung gebeten
worin es in schlichter Prosa heißt
daß Goethe auf alles was Größe hat scheißt
Weiss bricht den Stab über Goethe. Feierlicher Musikeinsatz

WALSER *zitiert aus eigenen Werken:*

Goethe hatte zu einem entscheidenden Zeitpunkt der deutschen Geschichte die Chance, die bürgerliche Kultur in eine geradezu demokratische Richtung zu lenken, doch er ging an den Hof. Dies ist der exemplarische Verrat in der deutschen Geistesgeschichte. Gerade er hätte es sich leisten können, nicht an den Hof zu gehen. Die Französische Revolution erkannte er erst an, als sie in der Gestalt eines Kaisers zu ihm kam. So konnte dann solch völlig unernste Literatur wie die »Iphigenie« entstehen, die man hundertfünfzig Jahre lang als humanes Lippenbekenntnis nachbetete, das man politisch nicht ernst zu nehmen brauchte. Den Goethe-Kult finde ich allerdings noch widerlicher als den Mann selbst.

Die Musik ist zu Ende. Das Publikum atmet auf

WEISS

Neben Goethe der andere geistige Flegel
heißt Georg Wilhelm Friedrich Hegel

WALSER

Da uns die »Phänomenologie« die er verfaßte
ferner die »Logik« nicht in den Kram paßte
lassen wir beide kurzerhand weg
und verweisen auf den übrigen Dreck

WEISS

Herr Hegel sagen wir ging auf die Knie
und verfaßte die »Staats- und Rechtsphilosophie«
womit er wie Marx richtig bemerkte
der preußischen Reaktion den Rücken stärkte

Musikeinsatz

WALSER *singt:*

Hegel war kein Revoluzzer
sondern Preußens Stiefelputzer

WEISS *singt:*

Abseits von der Hölderlinie
schrieb ein Lump die »Iphigenie«
Musik zu Ende

WALSER *auf Goethe und Hegel deutend:*

Wie Sie sehn sind beide Herren aus Pappe
damit sie ihrer unverzeihlichen Schlappe
wegen vom Publikum nicht zerrissen werden
Wir wollen schließlich kein Menschenleben gefährden

WEISS

Obwohl es sich um Verräter handelt

WALSER

Denn auch Verräter haben sich schon gewandelt

WEISS

Wir haben deshalb beschlossen die beiden Herrn
zwecks geistiger Wandlung in eine Heilanstalt einzusperren

WALSER

Der Direktor der Anstalt heißt Karl Wilhelm Marx
und ist der Kopf des Weltproletariats
Musikeinsatz

WEISS UND WALSER *singen:*

Darum tragen statt der Fräcke
heute wir Kartoffelsäcke
so verkörpern in der Tat
wir das Proletariat
Musik zu Ende. Walser stößt in ein Horn. Karl Marx kommt auf einem hölzernen Zweirad. Er trägt einen langen Bart

WALSER *im Ton einer Liebeserklärung:*

Höre großer Prophet hier stehen zwei Herrn
die Einlaß in deine Anstalt begehrn

WEISS

Damit sie lernen dialektisch zu denken
muß man sie mit Geist von deinem Geist tränken

WALSER

Sonst bleibt nur die Hydrotherapie

MARX

Gut
Im Namen der Dichtkunst und Philosophie
wollen wir für die neuen Insassen
unserer Anstalt eine Art Kopfwäsche veranlassen
Zwei Wärter kommen und schlagen Schaum

MARX

Da wir Goethe den »Faust« und Hegel die »Dialektik« verdanken
sind folglich nicht sie sondern diese die Kranken
Er zeigt auf Martin Walser und Peter Weiss. Die Wärter nehmen sie in Gewahrsam

MARX

Es empfiehlt sich über ihr undialektisches Denken
an Stelle des Vorhangs die Köpfe zu senken

Blossstellung

Nach Uwe Johnson

Aber J. ist immer verquer über die Gleise gegangen.

– wenn einer dann er.
– Aber sie waren damals noch nicht so ausgeleiert siehst du da wirkte die Interpunktion noch irgendwie fast Avantgarde musste ich immer denken, obwohl die Lektüre schwierig war, aber was ist schon einfach, das Leben nicht der Tod auch nicht, lernt man ja tüchtig was zu aus Romanen. Er sagte zu mir: Bloss gleich Verdacht schöpfen wenn du was kommen siehst, kann noch so harmlos sein wie es will.
– sag bloss dass er nicht wusste dass.
– Ja.

In der Hochzeitsnacht kam es ihm plötzlich hoch, da sah er das Funkgerät bulgarisches oder russisches Fabrikat unter dem Handtuch, wodurch sein Verdacht sozudenken verhärtet wurde. Gewinnen Sie diese Person dlja weschtschi ssozialisma. Eto ujasno. Hörte er oder bildete sich ein es zu hören, er war nicht sicher ob sein Verstand ihm oder der Wodka, auf jeden Fall. Er merkte schon manchmal nicht mehr ob Morgen war Mittag Nacht oder Jahreszeit. Obwohl das Funkgerät wie sich herausstellte bloss ein Toaster war hatte er sicherheitshalber schon das Ju-Äss-Stet-Dipatmint benachrichtigt: sicher ist sicher (er wolle nicht von irgendwelchen Schweinen) und fertig. Ssajus neruschimy es war wieder still, der Anfall zu Ende. Ich sagte zu ihm ich erinnere mich genau er roch nach Whisky aus seinem Mund darüber die weiten verzweifelten Augen im glattrasierten Quadratschädel (sag Mutter, ist das Uwe?) sonst Schnee überall, Kälte bis an die Knochen. Nemezki kamrad nemezki kamrad sagte ich in gebrochenem Russisch das er mir beigebracht hatte besonders Sachen wie eto Kommissar i eto Kalaschnikow und so fort.

– Schliesslich kam er von drüben: er ist sozudenken immer verquer über die deutsche Grammatik gegangen wie ich vermutmasse.
– das muss mal gesagt sein lassen.

Knödel

Nach Kuba

Mädchen, komm, straff deinen Rücken,
schlüpf ins Blauhemd, mach dich fein.
Brauchst dich nicht mehr so zu bücken,
denn die Harke ist jetzt dein.

Und dein ist die grüne Bohne,
und dein ist die neue Zeit.
Und unter der Erntekrone
liegen die Strümpfe ohne
Naht schon für dich bereit.

Denn der Staat, das bist du –
Drum mach keine Faxen
und sorg, daß die Kuh
mehr Milch gibt in Sachsen
und Frischfleisch dazu.

Mehr Kraut und mehr Knödel
bedeuten den Frieden.
Drum reg deine müden
Glieder, mein Mädel –
Zerbrech dir den Schädel!

Denn der Staat, das bist du
und der Strauch und die Kuh

zwischen Oder und Elbe.
Und morgen schon ist
es in Hamburg dasselbe.

Schäume Atlantik!

(1971)

Kurt Barthel, Lyriker, Dramatiker, Nationalpreisträger. Als er sich während des Aufstandes am 17. Juni 1953 im Haus des DDR-Schriftstellerverbands verbarrikadierte, bemerkte Brecht: »Kuba in Erwartung seiner Leser.« Kurt Barthel starb 1967 während einer Diskussion in Fankfurt/Main.

Vegetariers Nachtlied

Nach Karl Krolow

1963
Sommer webt den Lendenschurz
mir aus Phlox und Flieder,
Berberitz und Bürzelwurz –
die Natur: mein Mieder.

Lattich, Minze, Malvenmond –
der Poet inmitten.
Wald- und Wiesenhorizont
wird nicht überschritten.

1983
Und PLOPP steht das Herz dir still
im schönsten Wiesengrunde.
Der Darm, ein letztes Ventil,
verbellt deutsche Schäferhunde.

Dann ist es auch damit Schluß.
Das Vögeln hört auf im Walde.
Ein letzter Samenerguß,
dann heißt es: Warte nur, balde.

Fernsehen
oder
Wolf, spiel mir das Lied vom Tod

Nach Wolf Biermann

Sind wir schon drin?
Ja, wir sind schon drin.
Kamera 1
Jetzt singe ich eins:
Das Lied vom Tod
Und vom Morgenrot
Für Robert H.
Bist du noch da?
Ja, ich bin noch da.
Für Robert H.
Im Sauerstoffzelt
Und den Rest der Welt.
Kamera ab
Der Mann macht schlapp.
Was rauscht da im Off?
Der Sauerstoff.
Siehst du heut fern?

Ja, ich seh mich so gern

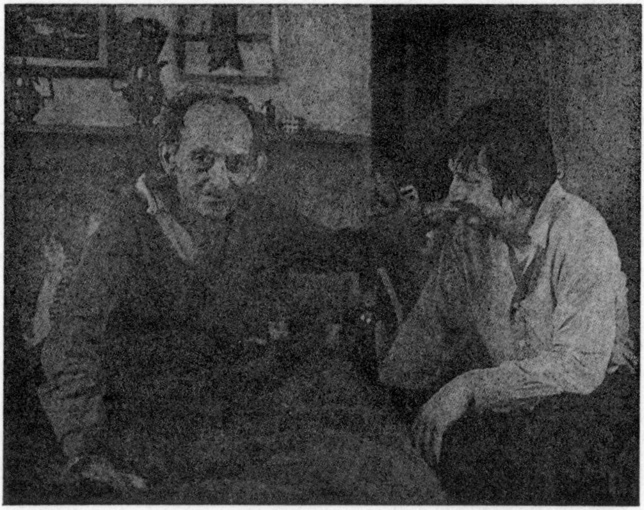

KURT BARTSCH, in Berlin 1937 geboren. Oberschule (nicht beendet). Danach Arbeit als Sargverkäufer, Beifahrer, Leichenträger u. a. 1964/65 Studium am Institut für Literatur in Leipzig (nicht beendet). 1976 Unterzeichner der Petition gegen die Ausbürgerung Wolf Biermanns. 1979 Ausschluß aus dem Schriftstellerverband der DDR. 1980 Umzug von Ost- nach Westberlin.

Bücher in Deutschland/Ost:
Poesiealbum 13, Gedichte. 1967
Zugluft, Gedichte. 1968
Kalte Küche, Parodien. 1974
Der Bauch, Songspiele. 1976
ferner Stücke, Nachdichtungen/Bearbeitungen (Molière, Aristophanes)

Bücher in Deutschland/West:
Die Lachmaschine, Gedichte. 1971 (Wagenbach Verlag)
Kaderakte, Gedichte und Prosa. 1979 (Rowohlt Verlag)
Wadzeck, Roman. 1980 (Rowohlt Verlag)
ferner Stücke: *Blut im Schuh*, 1981; *Hedwig*, 1982; *Der private Frieden*, 1982 (Verlag der Autoren)

Die Parodien mit Jahresangabe stammen aus dem Band *Kalte Küche*, Aufbau Verlag Berlin/DDR 1974.

Alle Autorenfotos (bis auf S. 117) mit freundlicher Genehmigung von Isolde Ohlbaum, München.

Literatur im Rotbuch Verlag

Aras Ören Was will Niyazi in der Naunynstraße (Rotbuch 101) · **F. C. Delius** Unsere Siemens-Welt (Rotbuch 102) · **Peter Schneider** Lenz (Rotbuch 104) · **Heiner Müller** Geschichten aus der Produktion 1 (Rotbuch 108) · **Alfred Behrens** Die Fernsehliga (Rotbuch 112) · **Karl Mickel** Einstein/Nausikaa (Rotbuch 116) · **Bahman Nirumand (Hg.)** Feuer unterm Pfauenthron (Rotbuch 124) · **Heiner Müller** Geschichten aus der Produktion 2 (Rotbuch 126) · **Miklós Haraszti** Stücklohn (Rotbuch 130) · **Peter-Paul Zahl** Schutzimpfung (Rotbuch 132) · **Heiner Müller** Die Umsiedlerin oder Das Leben auf dem Lande (Rotbuch 134) · **Sergio Stuparich** Wer uns nicht kennt, kennt Chile nicht (Rotbuch 136) · **Helga M. Novak** Balladen vom kurzen Prozeß (Rotbuch 138) · **Peter Schneider** ... schon bist du ein Verfassungsfeind (Rotbuch 140) · **Heiner Müller** Theater-Arbeit (Rotbuch 142) · **F. C. Delius** Ein Bankier auf der Flucht (Rotbuch 144) · **Erich Köhler** Der Krott (Rotbuch 146) · **Jürgen Theobaldy** Zweiter Klasse (Rotbuch 148) · **Helga M. Novak** Die Landnahme von Torre Bela (Rotbuch 150) · **Christian Geissler** Wird Zeit, daß wir leben (Rotbuch 154) · **Karl Mickel** Eisenzeit (Rotbuch 156) · **Yaak Karsunke** Bauernoper/Ruhrkampfrevue (Rotbuch 158) · **Thomas Brasch** Vor den Vätern sterben die Söhne (Rotbuch 162) · **Birgit Pausch** Die Verweigerungen der Johanna Glauflügel (Rotbuch 164) · **Dario Fo** Bezahlt wird nicht! (Rotbuch 166) · **Aras Ören** Privatexil (Rotbuch 168) · **Paul Gratzik** Transportpaule oder wie man über den Hund kommt (Rotbuch 171) · **Heiner Müller** Germania Tod in Berlin (Rotbuch 176) · **Peter-Paul Zahl** Alle Türen offen (Rotbuch 178) · **Helga M. Novak** Margarete mit dem Schrank (Rotbuch 182) · **Heiner Müller** Mauser (Rotbuch 184) · **Peter Schneider** Die Wette (Rotbuch 186) · **Dario Fo** Einer für alle, alle für einen! Verzeihung, wer ist hier eigentlich der Boß? / Zufälliger Tod eines Anarchisten (Rotbuch 188) · **Stefan Schütz** Stasch (Rotbuch 192) · **Jürgen Theobaldy** Sonntags Kino (Rotbuch 194) · **Dieter E. Zimmer** Ich möchte lieber nicht, sagte Bartleby (Rotbuch 196) · **Ernest Callenbach** Ökotopia (Rotbuch 200) · **Peter O. Chotjewitz** Die Herren des Morgengrauens (Rotbuch 201) · **Franca Rame / Dario Fo** Nur Kinder, Küche, Kirche. **Dario Fo** Mama hat den besten Shit (Rotbuch 202) · **Erich Köhler** Reise um die Erde in acht Tagen (Rotbuch 204) · **Yaak**